KB201607

드와이트 쥬디(Dwight H. Judy)

그리스도인의 묵상과 내적 치유

−Christian Meditation and Inner Healing−

이기승 역

도서출판 이포(李蒲)

Dwight H. Judy / christian Meditation and Inner Healing
The Crossroad Publishing Co.
370 Lexington Avenue, New York, NY 1007, U. S. A.
Copyright 1991 by Dwight H. Judy

Korean translation copyright ⓒ 2011 by Lee Port Publishing House,
Seoul, Korea.

그리스도인의 묵상과 내면의 치유
—Christian Meditation and Inner Healing—

인쇄 | 2011년 3월 15일
발행 | 2011년 3월 25일

지 은 이 | 드와이트 쥬디
옮 긴 이 | 이기승

펴 낸 이 | 이정승
펴 낸 곳 | 도서출판 이포(李浦)
등록번호 | 제5-00019호(2005.4.19)
주   소 | 서울시 종로구 연지동 219번지 3층
전   화 | 010-6626-9793 / 070-4076-9931
E-mail : charis4x@naver.com / charis-jslee@hanmail.net

값 10,000원

ISBN : 978-89-92908-16-0 03230

드와이트 쥬디(Dwight H. Judy)

그리스도인의 묵상과 내적 치유

-Christian Meditation and Inner Healing-

이기승 역

도서출판 이포(李蒲)

자신이 치유되어야
세상도 치유된다

프란시스 보언(Frances Vaughan)

살아있는 영성에 대한 갈망이 끊임없이 확산되자, 오늘날 많은 구도자들이 새로운 종교운동, 동양종교, 그리고 정신치료에 관심을 갖게 되었다. 다양한 방법을 추구했던 사람들 가운데, 어떤 이들은 자신들이 새롭고 폭넓게 각성한 영성(靈性)이라는 영적 실재를 그들이 본래부터 속해있던 종교 전통의 영적 뿌리와 통합하는 방법을 발견했다. 드와이트 쥬디의 ≪그리스도인의 묵상과 내적 치유≫라는 글은 장기간에 걸쳐 집요하게 추구해 온 개인적인 여정(旅程)의 결과이다. 그는 진리에 대한 확고한 헌신을 가지고 온전함(wholeness)을 추구했기 때문에, 이러한 여정 속에서 다양한 자료들로부터 지혜를 얻을 수 있었다.

전 세계적으로 재앙을 초래하고 있는 불가항력적인 문제로 인해 소외·두려움·절망이 우리 문화에 만연하게 될 때, 영적인 자양분을 섭취하고 다시 거듭나고자 하는 욕구가 우리에게 매우 커진다. 사람들이 내면의 정신(psyche)을 치유하지 않는다면 외부 세계를 고치는 일도 요원하다. 인간이 공해, 인구과잉, 자원고갈, 전쟁, 사회적 부정의와 같은 문제를 야기시킨다는 사실을 깨닫고, 또 그 깨달음을 더욱 각성시킨다면, 우리는 내면의 작업과 사회적 행동이 동전의 양면이라는 것을 알게 될 것이다. 우리 자신이 치유되어야 세상도 치유되고 그 역도 마찬가지이다. 이 책은 우리에게 치유하는 방법을 제시해 주고 있다.

교파에 상관없이 그리스도인이 이 책에 제시된 묵상방법을 따른다면, 그 또는 그녀는 그 방법이 자신들의 영성생활을 풍요롭게 하고 자아발견의 여정에 오르도록 도울 수 있다는 것을 알게 될 것이다. 이 책은 대개 친숙한 주제들을 다루고 있지만 새롭고 도전적인 것들도 있다. 이 책을 통해 영혼을 회복하는 과정 속에서 우리는 꿈과 상상의 언어를 이해하는 법을 배운다. 그렇게 함으로써, 우리는 상상의 세계에 미로(迷路)처럼 펼쳐진 좁은 길들을 통해서 영혼을 치유하고 온전함을 이루는데 가장 큰 도움을 줄 수 있는 상상의 산물이 있는 곳으로 인도된다. 임상치료와 영적인 문제들이 통합되어야만 한다는 것을 인식하는 정신건강 전문가들이라면 이 책이 그리스도교라는 틀 안에서 문제를 해결해 주고 영적으로 방향을 다시 설정해 줌으로써 사람들을 건강하게 해주는 가치 있는 수단이라는 것을 발견할 것이다. 또 초인격심리학(transpersonal psychology)의 기초 원리들을 관상훈련과 통합시키는 실용적 방법은 그리스도교전통 내에서 깊은 영성생활을 하고자 노력하는 모든 사람들에게 신선한 영감을 가져다 줄 것이다.

이 책은 신실한 구도자라면 누구든지 쉽게 이해할 수 있는 책이다. 사람들은 내면에 있는 근원을 깨닫고 하나님의 안내를 받는 법을 발전시킴으로써 지혜를 쉽게 얻도록 도와주는 내면의 스승들과 개인적으로 관계를 맺고 그 관계를 가꾸어 나가는 법을 배운다. 성령 혹은 자기 안에 현존하는 그리스도라는 개념에 친숙한 사람들은 이 훈련 가운데 많은 부분이 자신들이 하는 관상훈련을 깊게 하는 데 도움을 준다는 사실을 발견할 것이다. 내면의 삶으로 접근하기 위해 그리스도교라는 제도적 종교를 떠나 다른 길을 택한 사람들은 그들의 뿌리와 다시 연결되는 의미 있는 방법을 발견할 것이다.

이 책은 단순한 독서용 책이 아니라 경험되고 맛을 느껴야 하는 책이다. 이 책을 읽을 때마다 정보를 제공받을 수도 있겠지만, 이 책이 제안하고 있는 묵상을 집중적으로 한다면 우리의 삶은 변화될 수 있을 것이다. 많은 기도와 다양한 과정을 통해 우리는 우리 존재의 영적인 깊이를 조명할 수 있고, 상처받은 영혼을 치유하는 방법을 알게 된다. 우리는 고대의 가르침의 맥락이 현재 우리의 삶과 연관되기 때문에 그 가르침이 가져다 줄 열매들을 믿으라는 것이 아니라, 그 가르침을 경험하라는 심오하고 중대한 요청을 받고 있다.

드와이트 쥬디는 동양과 서양의 지혜에 관한 자료들을 끌어 모으고, 기도와 묵상과의 관계를 보다 잘 이해함으로써 그 안에 인격적 작업을 통합시켰다. 그리하여 그는 심리학과 영성훈련이 아무런 상관이 없다는 환상을 추방한다. 그리스도교 신학과 신비주의, 그리고 초인격심리학의 이론을 독특하게 조화시킴으로써 그는 우리들에게 영적인 각성과 심리학적 건강 사이의 관계를 보다 잘 이해하게 해 주며 인격적 통합과 온전함을 이룰 수 있는 방법을 제시한다. 그리스도인이든 비그리스도인이든 모두 이 책이 계도적이라는 것을 발견할 것이다. 이 책이 많은 사람들에게 읽혀 그들 모두에게 유익하게 되기를 바란다.

하나님의 침묵

1979년 2월, '하나님의 침묵'이 내게 임했다. 그때 나는 직업적 가치와 개인적으로 지녔던 가치에 대해 회의를 품고 있었기 때문에 내면에 근심이 아주 컸다. 내가 처음으로 발견한 것은, 관상적(觀想的) 침묵이 의미하는 바는 우리가 아무 것도 듣지 말아야만 한다는 것이 아니라 오히려 침묵 속에서 모든 것을 듣기 시작하게 된다는 것이었다.

1971년부터 1979년까지 나는 텍사스주 달라스의 교외, 메스콰이트에 있는 성 스테판 연합감리교회의 목사로 시무 했다. 거기서 시무 하던 마지막 해에 내 안에서 변화가 일어나 내면의 각성에 보다 깊이 귀기울이고자 하는 열망이 생겨났다. 내 자신이 갖고 있던 심리학적, 영적, 육체적 고통을 치유할 필요성이 대두하기 시작했던 것이다. 다음 단계로 나아가고자 노력하고 있던 내게 대중 강연은 그리 큰 도움이 되지 못했다.

긴 여행이 시작됐다. 가족과 친구들, 그리고 특히 내 아내 루스(Ruth)가 보여준 동료애로 인해 나는 행복했다. 그녀 역시 새로운 탐구와 깊은 내적 각성에 대한 필요를 느끼고 있었다. 우리는 우리의 길을 발견했고, 심리학, 심신관계 그리고 영적 전통으로부터 나타난 내적 각성의 방법을 배우려고 캘리포니아 멘로파크(Menlo Park)에 있는 초인격심리학 연구소(The Institute of Transpersonal Psychology)의 박사과정에 들어갔다. 우리는 함께 내적 순례를 깊이 함으로써, 각각 영혼과 영혼의 깊은 곳에서 울리는 소리를 보다 명백하게 듣는 법을 배웠고 각자 자신이 가지고 있는 영적 과제가 무엇인지 분별하려 했다.

나는 1984년부터 87년까지 달라스에 있는 남감리대학교의 신학교(Divinity School of Southern Methodist University)에서 연장 교육의 일환으로 시행하는 영성형성(Spiritual Formation)을 위한 프로그램을 지도했기 때문에 내 자신이 배우고 있는 많은 것들을 '집에 가져가서도 할 수 있는' 특권을 얻었다. 나는 또 지난 십 년 간 우리나라 전역에서 수없이 많은 묵상 환경을 경험했던 많은 목회자들과 평신도들을 만나 묵상 기도를 훈련하는 방법을 나눌 수 있었다.

성령의 도우심으로 나는 초인격심리학 연구소에서 6년 간, 처음에는 학감으로 그리고 최근에는 국외(局外) 부장으로 봉사했고, 이 기간 동안 초인격심리학이라는 막 부상하고 있는 분야에 대한 지식과 이해를 계속해서 깊게 할 수 있었다. 이 책에 수록된 생각과 방법은, 내가 가르쳤던 그리스도교 신비주의와 묵상의 심리학이라는 수업을 몇 년 동안 듣고 배웠던 집단 안에서 검증되었다.

나는 지난 십 년 간을 선생으로서, 묵상 안내자로서, 그리고 심리치료사로서 공부하고 가르치는 데 침묵의 방법을 사용해왔다. 이 책은 내가 그리스도교 전통으로부터 발견했던 생각과 방법을 초인격심리학의 분야로부터 얻은 인간 영혼에 대한 이미지들과 함께 짜 모은 것이다. 많은 사람들이 관상적(觀想的)으로 자신을 이해함으로써 보다 진실한 생활을 하고자 할 때에 이 책이 어떤 지침이 될 수 있었으면 하는 것이 나의 바램이다.

나 자신이 내적으로 성숙하기 위해 이 과정을 시작했을 때, 나는 예수의 가르침으로부터 발견한 '생수(living water)'라고 하는 특별한 이미지에 사로잡혔다. 나는 대학과 신학교에서 처음 받은 교육을 넘쳐흐르고 있는 컵에 비유했다. 초창기 목회 12년 동안, 나는 물을 다 쏟아 결국 컵이 텅 비었다는 것을 느꼈다. 텅 빈 심오한 곳으로부터 나는 하나님의 인도를 받기 위해 배우고 존재하고 듣는 다른 방법을 발견하려고 애썼다.

나는 '생수'의 근원을 찾고자 했다. 실재에 대해 내가 가지고 있던 편견을 제거함으로써 하나님에 대한 끊임없는 각성을 일깨우고자 했다. 내가 그러한 깨달음의 경지에 도달했다고 말할 수는 없다. 그러나 자신 있게 말할 수 있는 것은, 이제 나는 그러한 깨달음이라는 것이 허망한 약속이 아니라 실현될 수 있는 약속이라는 사실을 확실히 안다는 것이다. 그것은 그 시대의 신비경험 안에 있다. 그것은 때때로 내 자신의 각성 속에 있다. 그것은 우리의 산란한 정신을 하나님이 인도하신다는 정적(靜的) 확신으로 채우려는 게으른 바램이 아니다. 이 길이 평탄하지는 않지만, 이것을 추구하는 것은 우리가 해야만 하는 가장 중요한 것이다.

차례

제1장

새 하늘과 새 땅 : 새 마음과 새 몸

전화벨에 잠이 깬다. 심장이 배로 뛰기 시작한다. 나는 흐느적거리며 침대에서 일어나 더듬거리며 시계를 찾았지만 어두워서 보이지 않는다. 몇 시인지 알 수 없다. 수화기에서 누군가의 목소리가 흘러나온다. "난 죽을 겁니다. 난 죽을 준비를 마쳤어요. 애들은 이미 다른 곳으로 보냈습니다. 날 위해 기도해 주시겠습니까?"

그 소리에 충격을 받은 나는 아무 말도 할 수 없다. 내가 무엇을, 무슨 말을 할 수 있을까? 이번에는 장난치는 것이 아니라 신중하게 계획해 놓고 죽으려 한다는 것을 나는 안다. 이야기를 계속하세요… 몇 분만 더… 오 하나님!…

결국 이웃 사람이 그 집으로 들어가 그를 살려냈지만 그 충격은 아직도 내 마음에 남아 있다.

전화의 한 쪽에서는 내 음성이, 다른 쪽에서는 자포자기한 것 같지도 않고 절망적인 것 같지도 않은 그대의 음성이 들린다. 그러나 우리는 모두 마음으로부터 울려 퍼지는 자포자기나 절망에 대한 메아리를 듣는다. 진정한 삶을 영위하기 위해 투쟁하는 개인들과 사회

조직 속에서 하루하루 일하는 와중에도 우리들 중 다수는 그러한 절망과 직접 대면하고 있다. 어떻게 우리는 이러한 투쟁에서 기인하는 고통에 민감하면서도 절망에 빠지지 않는가?

이 책은 그리스도교인이 할 수 있는 묵상 방법에 관한 것이다. 이 책은 우리로 하여금 우리 내부와 외부세계에서 일어나는 의문을 엄밀히 조사할 수 있는 방법을 다루고 있다. 성 바울(St. Paul)부터 보나벤투라(St. Bonaventure), 마이스터 엑크하르트(Meister Eckhart), 아빌라의 테레사(St. Teresa of Avila), 동방정교회 헤시케이즘(hesychasm)의 수행자들 그리고 「무지의 구름－The Cloud of Unknowing」을 쓴 익명의 저자에 이르는 많은 선인(先人)들도, 희망을 가진 인간의 삶을 추구하는 우리의 동지들이다.

우리는 우리의 마음과 정신 속에서, 그리고 행동의 동기와 일상의 분별 속에서도 그리스도교가 약속한 희망을 실현하는 방법을 찾고 있다. 우리는 신비적 방법의 현대적 변형, 즉 그리스도의 사랑이 인격에 현존하도록 변화(transformation)시키는 일을 하고 계신 하나님께 헌신하는 현대적인 방법을 추구하고 있다.

우리는 세상의 절망과 죽음을 이기시고 '풍성한 삶'으로 우리를 초대하고 계시는 승리자 예수로부터 영감을 구하고 있다. 우리가 그러한 삶 혹은 '영원한 삶을 살게 하는 힘'을 추구하는 이유는, 단순하게 그것을 움켜쥐고 있을 생각에서가 아니라 우리의 마음속에 경험되도록 함으로써 희망찬 삶을 살아가는 수단으로 삼고자 하기 때문이다.

모든 종교 전통에서 많은 진지한 사람들이 이 영원한 삶을 살 수 있게 하는 힘이 무엇인지 깨닫기 위한 길을 걸어 왔다. 그들 모두가 예외 없이 지적하고 있는 것은, 우리가 내면의 투쟁을 불식시키고 약속된 내면의 평화를 요구하려면 내면의 자각을 키우거나 주의를 기울여 우리 자신에 대해 묵상할 필요가 있다는 것이다.

이 책을 통해 우리는 그리스도교의 묵상 방법과 내적 치유의 두드러진 특징이 무엇인지를 탐구할 것이다. 우리는 그리스도인이 갖고 있는 희망이 무엇인지, 특히 성 바울의 서신으로부터 유래된 희망이란 무엇인지를 살펴봄으로써 탐구를 시작할 것이다. 인간 실존에 대한 현대적 문제는 과거에 그리스도교 신학에서 부각되었던 의문과는 다르다. 옛 질문은 '어떻게 인간이 죄로부터 구원받을 수 있는가'라는 죄에 대한 것이었다. 그러나 현대의 질문은 실존적인 고통으로 보다 깊숙하게 들어간다. 어떻게 우리는 모순과 고통이 있는 세상에서 희망을 가질 수 있는가? 어떻게 우리는 핵의 위협과 생태학적으로 소멸될 것이라는 환경 재앙의 위협 속에서 미래상을 그려볼 수 있는가? 이 희망에 대한 질문은 우리가 죄, 진실성 그리고 봉사 등 다른 실존적 질문을 해결하기 위해 우리의 삶을 계획할 수 있게 되기 전에 우선적으로 답변되어야만 한다.

지구의 위기를 알리는 모든 절망적인 징후들에도 불구하고 인간의 삶에 대한 새로운 패러다임(paradigm)이 나타나고 있다. 그 새롭게 나타난 패러다임에서 행동에 대해 책임을 지는 인류, 개인과 지구의 고통을 구원하려는 하나님의 희망과 조화되어 행동하는 인류의 가능성을 엿볼 수 있다. 이 패러다임은 부활 신앙에 근거한다. 새로운 생명이 옛 생명으로부터 늘 솟아나고 있다. 죽음은 최후의

해답이 아니다. 하나님은 영원토록 지구상의 존재하는 것들을 새롭게 다시 창조하고 계신다. 우리에게 중요한 문제는 어떻게 그 영원하게 다시 창조하시고 다시 살리시는 하나님의 현존을 개별적으로 깨달아 확장시켜 나가느냐는 것이다.

그리스도교의 역사를 통해 볼 때, 이와 같은 가장 본질적인 모습으로서의 그리스도교를 주장했던 사람들이 있었다. 그들은 기도하는 법, 내적인 투쟁과 씨름하는 법, 그리고 그들 자신 안에 있는 신적인 중심(divine center)에 귀 기울이는 법을 배웠다. 우리는 이들이 어떤 방법으로 내적 청취를 했는지 살펴볼 것이다.

이 책을 저술함에 있어서 내가 염두에 둔 우선적인 목적은 역사적으로 그리스도교가 제시해 온 영성훈련의 방법들과 현대 심리학으로부터 얻은 깨달음을 조화시켜 그리스도교의 묵상훈련 방법을 기술하는 데 있다. 때때로 나는 초인격심리학(transpersonal psychology)라고 불리는 새롭게 대두하는 심리학을 언급하기도 할 것이다. 이 분야에서 다루는 독자적인 과제는 영적 전통이 갖고 있는 지혜를 현대 서양 심리학과 통합시킬 수 있는 새로운 심리학을 발전시키는 것이다. 그래서 나는 단순하게 기도훈련의 방법을 기술하는 것에 그치지 않고 기도와 묵상에서 얻은 우리의 내적 경험들을 심리학적으로 의미 있게 이해할 수 있게 해 주는 기초도 세우고자 했다. 또 나는 이 작업을 함에 있어 분명한 성서적 근거를 제시하고자 했다.

이러한 다양한 목적으로 인해서, 독자는 이 책을 반드시 1장부터 읽기보다는 자신의 관심에 가장 가까운 부분부터 읽기 시작하는 것이 도움이 될 것이다. 다음에 이어지는 각 장에 대한 요약을 통해 독자 자신의 관심사가 무엇인지를 발견할 수 있을 것이다.

1장의 나머지 부분은 그리스도교의 묵상에 대한 성서적 근거와 묵상의 근거가 되는 희망이라는 주제를 더 논의하는 데 할애되었다. 2장은 의식의 초인격적 모형을 논의하고 우리의 내적 작업을 위한 원칙으로서 영혼이라는 개념이 필요하다는 것을 이야기한다. 3장에서는 일반적 관점에서 묵상훈련을 묘사하고, 묵상의 심리학이라는 넓은 분야에 그리스도교의 묵상이 어떤 위치를 차지하는지를 살펴본다. 4, 5, 6과 7장은 그리스도교의 묵상 방법 특히 창조 안에 계신 하나님, 성서 묵상, 예수기도(Jesus Prayer), 그리고 센터링 기도(centering prayer)에 대한 묵상에 할애된다. 8장은 규칙적인 묵상을 하기 위한 지침을 제시하고, 집단 속에서도 실천할 수 있는지, 그리고 관상적 분별력을 양성할 수 있는지 그 가능성에 대해 이야기한다.

관상기도(contemplative prayer)가 그대가 바라는 삶으로 그대를 충분하게 이끌어 줌으로써, 그대가 그대 자신의 내면에 있는 신적 생명의 풍부한 수원(水源)을 발견하게 되기를 바란다.

기쁨의 중심 발견하기

그리스도인이 추구하는 희망은 어떤 특징을 갖는가? 우리는 어떻게 그리스도인으로서의 본질적 경험을 마음(heart)과 정신(mind) 속에 현재화하는가? 우리는 어떻게 하나님에 대한 부단한 인식 속에서 살아가는 신비적인 삶을 보여줄 수 있는가?

오래 전, 내적 삶의 계발이라는 주제를 다룬 문학작품이 얼마나 많은지 발견하기 전에, 나는 하나님의 현존을 느끼며 살아가려고 노력했었다. 그대는 신비적 삶에서 비롯된 깨달음의 상태를 어떻게 묘사하겠는가? 그대는 그것을 육체적으로 느낄 수 있도록 하기 위해 어떻게 묘사할 수 있는가? 그대는 기억될 수 있고 때때로 접촉될 수도 있는, 우리 안에 있는 건강과 희망의 중심이 되는 부분에 대해 어떻게 이야기하겠는가?

내가 그 개념을 감정적 특징을 사용하여 묘사하고자 애쓰고 있을 때, '기쁨의 중심(the celebrative center)'이라는 용어가 떠올랐다. 나는 '장소'를 묘사한 것이지만, 그것은 장소라기 보다는 내 안에 있는 기쁨의 중심으로서 몸과 마음이 각성된 상태이다.

몇 년간 내가 묵상, 정신치료, 육체치료요법 등 많은 방법들을 연구할 때, '기쁨의 중심'이라는 용어는 계속해서 내게 의미를 가졌다. 나는 이제 그것을 평형점이라 생각한다. 물론 그것은 위치로서의 한 지점이 아니라 정신과 영혼, 그리고 육체의 관심사가 서로 조화를 이루는 순간을 의미한다. 그러나 '기쁨의 중심'은 또한 우리 안에서 우리를 온전함(wholeness)으로 이끄는 신적인 자극을 가리킨다는 점에서 스스로 역동성을 갖는다.

이 존재 상태를 다른 비유로 묘사한 사람들도 있다. 아빌라의 성 테레사는 16세기에 쓴 글에서 이 내면 세계를 영혼의 성(Interier Castle ; 카바노프 & 로드리게즈, 1980)이라고 묘사했다. 영혼의 성 중심에는 하나님이 찬란한 빛 가운데 왕으로 좌정해 계신다. 성 테레사의 묘사에도 동일한 역동성이 나타난다. 이 하나님은 인간의 다양한 부분이 온전함을 이루도록 하기 위해 외부로 뻗어나간다.

우리가 이 신적인 중심, 우리 안에 있는 빛과 생명의 중심을 마음과 같은 특정한 곳에 있다고 생각하든지 아니면 모든 육체와 정신 에너지 속에 있다고 생각하든지 간에, 그것은 영원 속에 중심을 잡은 것에 대한 은유요 경험이다. 우리는 육체 속에서 항상 창조를 경험하며 살고 있다.

우리는 매 7년마다 몸을 구성하는 세포가 완전하게 새로 바뀌고 있다는 사실을 들어서 안다. 게다가, 우리의 무의식의 기억에는 개념이 물질적으로 태어나는 창조 경험이 기록된다.

창조의 신비는 우리에게 낯설지 않다. 그것은 항상 현존하는 실재이다. '기쁨의 중심'이나 우리 마음에 빛으로 거하시는 하나님에 대해 이야기하는 것은, 항상 우리와 함께 우리 안에 새로운 생명을 부여하는 원천이 되는 경이로운 잠재력을 표현하려고 하는 시도인 것이다.

유대-그리스도교 경전을 통해 하나님에 대해 우리가 배우는 것은 무엇보다도 먼저 그분은 창조하시는 분이라는 것이다. 하나님의 본질은 바로 창조하고 계신다는 것이다. 마이스터 에크하르트는 14세기에 하나님의 본질에 대해 다음과 같이 진술했다.

"하나님은 종일토록 무얼하시는가? 하나님은 생명을 탄생케 하신다. 하나님은 영원으로부터 출산자리 위에서 생명을 낳고 계신다" (폭스, 1983, 220). 창세기에 나타난 성서의 첫 번째 말씀은 태초에 하나님이 창조하시고 계셨다는 것이다(1:1).

기쁨의 중심과 접촉하고 있다는 것은 우리의 정신, 육체 그리고 감정이 신적인 창조 에너지의 중심과 다시 연결되도록 하고 있다는 것이다. 지속적으로 그 현존을 경험하며 사는 것이 바로 성령 안에서 다시 태어난 살아있는 생명이라는 표현으로 예수가 의도했던 것이다(요3장). 그리고 예수에게 있어서 성령 안에서의 그러한 삶은 예기치 못했던 것들, 새로운 창조를 위한 기회 그리고 그분이 영원한 생명이라고 불렀던 것으로 가득 차 있었다.

기쁨과 창조의 중심을 잃지 않고 살 때, 새 마음과 새 몸이 생겨난다. 그리스도교의 묵상훈련을 통해서 내적 치유가 가능한지를 살펴볼 때, 그것이 근본적으로 가능하다고 말하고 있는 성서의 여러 다른 부분뿐만 아니라 예수의 본질적인 가르침을 담고 있는 부분 역시 우리의 관심을 끈다. 우리는 정말로 새로운 삶을 얻게 된다. 정신은 바뀌고 몸은 스트레스나 질병으로부터 해방된다. 마음에 있는 상처와 쓴 기억이 씻겨진다.

우리가 찾고 있는 새로운 삶을 다른 방식으로 묘사할 수도 있는데, 그것은 은총으로 가득 찬, 혹은 은혜로운 삶에 대해 이야기하는 것이다. 은혜로운 삶이라는 것은 우리의 삶 속에 펼쳐진 창조하시는 성령을 신뢰하도록 반복해서 배워왔던 바로 그 삶이다. 은혜로운 삶이 시작되었을 때, 우리는 그러한 삶에 우리 자신을 맡기라고 배웠다. 그리고 성령의 새로운 바람이 손짓할 때, 그 부르는 소리를 듣도록 배웠다. 우리는 우리가 관계하고 있는 공동체에 속한 다양한 계층의 사람들과 의도적으로 조화를 이루며 살아가고 있다. 우리는 우리의 열정으로 평화를 이루었고 용서하는 법을 배웠다. 그러한 은혜로운 삶이 그리스도 안에서의 삶이고 그리스도를 통하여 온전함으로 인도된 삶이다.

우리가 묵상훈련을 할 때, 우리는 정신과 육체가 직접적 연관관계에 있다는 것을 알게 될 것이다. 우리는 크게 의식하지는 못했지만, 아직도 우리를 자극해서 때때로 우리의 삶을 어떤 방향으로 몰아가는 생각의 습관을 살펴볼 것이다. 우리는 관계형성에 큰 영향을 미치는 감정의 원형이 무엇인지 알아보게 될 것이다. 우리는 우리의 육체에서 긴장을 유지시키는 곳이 어디인지 탐구할 것이다. 그리고 우리는 이미 우리 안에 거하시며 우리를 건강하게 하고 세계공동체 안에서 의미 있는 봉사를 하게끔 동기를 유발시키고자 하시는 하나님과 직접적인 관계를 맺게 될 것이다. 한마디로 묵상을 한다는 것은 변화작업(transformative work)을 한다는 것이다. 그 길에는 함정도 있다. 이것에 대해서도 우리들은 살펴볼 것이다. 그러나 우리가 내면의 여정을 통해 신중하게 걸어가는 길은 새 마음과 새 몸, 신적인 가능성과 신적인 희망을 깨닫는 존재로 향하는 여정이다.

성령은 우리의 영을 부르고 있다. 종종 삶에서 보다 많은 것을 발견하라고, 그리고 새로운 의미와 목적을 찾으라고 우리를 떠미는 충동이 생길 때가 있다. 그때가 규칙적인 묵상훈련을 시작하기에 매우 적절한 시기이다. 영성생활의 깊이를 묘사하면서 아빌라의 성 테레사는, 만일 우리가 괴어 썩어버리지 않으려면 개인적인 묵상기도 훈련을 해야할 필요성이 있을 때가 올 것이라고 이야기한다. 그리고 그녀는, 그러한 때가 오기 전에 이미 우리는 영감을 주는 설교, 책, 그리고 대화 등의 '외적인' 수단을 통해 영적인 영양분을 잘 공급받아 왔다는 점을 지적한다. 그녀에 의하면 인생의 시련 역시 이러한 외적인 수단의 하나이다.

우리가 고통에 빠져있을 때, 우리는 하나님과 접촉하게 된다. 그러나 그녀는 만일 우리가 영적으로 전진하고자 한다면 반드시 우리의 내면 세계로 들어가 하나님을 거기서 발견해야만 할 때가 온다고 말한다(카바노프 & 로드리게즈, 1980, 298).

나는 발달된 사회에 만연하는 영적인 기근이라는 것이 그녀가 묘사하려 했던 것이 아닌지 의문을 가져본다. 우리는 능숙하게 우리의 관심을 외부로 돌린다. 그러나 우리는 인생에서 보다 분명한 의미를 찾고자 갈망한다. 그리고 우리가 세상에 직면한 위기에 대해 점점 더 많이 알게 될 때, 우리는 우리의 에너지와 원천을 의미 있게 사용하기 위해 어떤 방법을 선택해야 할지 기로에서 당황하게 된다. 우리는 우리 자신의 개인적인 치유와 세계 속에서 해야하는 적절한 봉사를 구별하기 위해 양자 모두를 보아야 한다. 우리는 직접 신적인 근원을 발견하도록, 그리고 일상적인 생활을 유지해 나가기 위해 삶의 의미를 명확히 알고 다시 소생되도록 강요된다.

우리는 신적인 창조성에 의해 활기차게 된 새 마음과 새 몸을 발견하도록 해야만 한다. 우리는 기쁨의/창조의 중심에 근거해서 살기를 원한다.

희망의 탄생

"하나님의 나라가 가까이 왔다."

예수는 이 신비로운 미래상을 선포했다. "하나님의 나라가 가까이에 왔다." 평화의 날, 화해의 날이 여기에 있다. 더 찾아볼 필요도, 계시를 더 기다릴 필요도 없다. 지금이 바로 '주님의 날'이다.

초대교회는 이 선포와 평화, 화해, 사랑을 명백히 결여하고 있는 세계 사이에 드러나는 모순과 씨름했다. 세상에서 '주님의 날'은 흔적도 찾을 수 없었다. 세상은 갈등과 파괴의 방식으로 굴러가고 있었다. 그리스도교가 태동했던 세계는 혼돈의 세계였다. 그 때는 로마제국의 후기로, 이스라엘의 성전이 파괴된 때였다. 거대한 외적인 변화가 있었고 내적인 변화, 새 마음이 인간 영혼이라는 내적 도가니에서 제련되고 있던 때였다.

예수는 미래상을 제시했다. 그분은 사람들의 개인적 사회적 희망을 촉진시키기 위해 외형적으로 모순되고 설명할 수 없는 진술, 즉 하나님의 나라는 가까이 왔다, 주님의 날이 여기에 있다고 외치셨다.

나는 신비적 희망을 통해 우리가 그 약속을 경험하며, 이 미래상을 구체적으로 실현할 수 있다고 생각한다. 우리는 우리가 이 메시지를 선포하고 그것이 우리의 하루 하루의 삶에 실현되도록 노력할 때까지 그리스도교가 선포하는 메시지에 만족하지 못한다.

사도 바울이 예수의 이 약속에 위배되는 외형적인 모순과 씨름하면서 그것을 희망의 역설(the paradox of hope)로 불렀다. 바울에게 있어서 희망은 예수와 함께 인간의 의식 속에 태어났다. 그리고 그것은 개인적이고 사회적인 질서뿐만 아니라 실제로 창조세계 안에 있는 모든 것에 부합되는 희망이다. "피조물이 다 이제까지 함께 탄식하며 함께 고통하는 것을 우리가 아나니 이뿐 아니라 또한 우리 곧 성령의 처음 익은 열매를 받은 우리까지도 속으로 탄식하여 양자

될 것 곧 우리 몸의 구속을 기다리느니라. 우리가 소망으로 구원을 얻었으매…"(롬8:22-24). 바울이 가졌던 희망의 근본적인 성격을 이해하는 것은 매우 중요하다. 왜냐하면 그것은 그리스도교 역사 속에서 표현되어왔던 것으로서 그리스도인의 삶의 토대가 되었기 때문이다. 그것은 또한 신비적인 여행과 그리스도인의 묵상, 그리고 내적 치유작업의 중심에 있다.

바울에게 있어서 이 희망은 인간이 바라는 소망과 치유의 핵심이 된다. 우리가 감히 충분히 그렇게 되기를 바랄만한 존재인가? 우리의 모든 육체가 자유로워지는 것이 가능한가? 우리가 지닌 근원적인 손상(original damage)은 우리가 순간 순간 하나님을 의식하지 못한 채 살고 있다는 것이다. 바울은 그 근원적인 손상을 원죄(原罪)라 불렀다. 바울에게 있어서 원죄라는 것은 우리 안에서 우리를 병들게 하고, 우리를 절망에 빠뜨리는 것으로서 하나님으로부터의 분리를 가리킨다. 그것은 크게 고통 받고 있는 인간 사회를 외면하는 것이다. 바울에게 있어서 희망은, 이 근원적인 손상이 예수 안에서 극복되었고 그러므로 모든 다른 인간 존재와 다른 피조물 속에서도 극복되어지고 있다는 데서 생겨난다.

바울은 이 혁신적인 희망을 신비적인 깨달음으로부터 얻었다. 이미 다 아는 유명한 이야기지만, 그는 다메섹으로 가는 길에서 그리스도를 직접 보게 되었다. 바울과 같이 극적이든지 혹은 보다 미묘하게 이루어지든지 간에, 그러한 온전함을 이룬 인생과 직접적으로 만날 때 우리 안에서 희망이 탄생하는 것이다. 우리는 모두 그러한 직접적인 지식과 삶의 목적을 명확하게 알 수 있는 가능성을 가지고 있다. 그러한 순간에, 우리는 직접적으로 '주님의 날'을 경험한다. '하나님의 왕국'은 완전히 현존하게 된다. 희망이 생겨나 화해시키는 힘이 있는 평화와 사랑 속에서 우리는 모든 순간을 살아갈 수 있게 된다. 그것은 이제 우리의 온 마음과 온 몸, 그리고 우리의 삶의 모든 순간을 관통하려 한다. 기쁨의 창조의 중심이 일깨워진 것이다.

바울은 개인적인 내적 투쟁 그리고 조화롭게 함께 살기 위한 공동체의 투쟁이라는 두 기본적인 영역에서 모순적인 희망의 삶을 설명한다. 이 부분에서 그는 강요하는 투로 이야기하기 때문에 크게 오해되어 왔다. 내가 생각하기에 바울이 그의 요점을 설명하려고 노력하면서 육체의 언어(language of the body)를 사용했던 것은 우연이 아니었다. 불행하게도 바로 그 육체의 언어는 시간이 지나면서 바울이 원래 의도했던 것과는 대조되는 의미를 갖게 되었다. 그러나 우리가 그의 의도를 보다 충분히 이해할 때, 내가 생각하기에 우리는 현대의 심리학적 사고와 동일한 지평을 보기 시작한다.

바울에게 있어서 인간이 희망을 가질 수 있는 근거는 하나님이 '우리의 모든 육체를 자유롭게 하실 것'이라는 점에 있다. 그는 또한 출산의 고통과 같은 내적으로 신음하는 피조 세계의 고통을 언급한다. 그의 언어는 시각적이고 물리적인 특징을 갖는다. 창조세계는 원죄로 심각하게 왜곡되어 있다. 바울의 언어는 한편으로는 인간들이 과중한 짐을 지게해서 위태하게 된 살아있는 유기체로서의 지구에 대해 언급하는 현대의 생태학자들의 언어와 크게 다르지 않고, 다른 한편으로는 몸과 마음을 통합하려는 현대의 심리학적 사유(思惟)로부터 멀리 떨어져 있지도 않다. 몸과 마음을 통합하기 위해 수련하는 많은 수행자들에 의하면, 만성적 고통과 육체의 장애는 심리적인 고통과 연결된다. 육체에 대한 바울의 언어는 그러한 현대의 수행자들이 품은 모든 육체가 자유롭게 될 것이라는 희망을 매우 잘 표현한다. 이 구절에 근거해서 그러한 심리치료사들은 지금 개인이 가진 근원적인 상처들의 정체가 드러났고 그들의 감정의 짐이 해방되었다고 말한다. 그렇게 해방되었을 때 사람은 육체적으로도 보다 자유로운 태도와 느낌을 가질 수 있다.

바울은 자신의 육체를 짓누르던 그러한 압박으로부터 반드시 해방되고자 했던 것은 아니지만, 그는 육체적 치유의 현상에 낯설었던 것도 아니다. 그의 언어는 우리의 가장 깊은 내적 본성이 변화될 수 있다는 가능성과 그리스도의 창조적 현존을 깨달음으로써 새로운 삶의 방향을 계획할 수 있는 잠재력이 우리에게 있다는 점을 끊임없이 지적한다.

바울이 사용한 육체적 투쟁이라는 이미지는 내적 동기 사이에도 긴장이 존재한다는 것을 보여준다. 그리고 사람들이 바울을 가장 오해하고 있는 부분의 하나가 여기에 있다. 바울에게 있어서, '육체(fresh)' 혹은 '열등한 본성(lower nature)'은 일련의 생명 파괴적인 태도를 의미한다. 이에 대해 그는 갈라디아서에서 개략적으로 다음과 같이 제시한다. "…음행과 더러운 것과 호색과 우상 숭배와 술수와 원수를 맺는 것과 분쟁과 시기와 분냄과 당 짓는 것과 분열함과 이단과 투기와 술 취함과 방탕함과 또 그와 같은 것들이라…"(갈 5:19-21). 육체 혹은 열등한 본성 안에서의 삶은 성령 안에서의 삶과 대조된다. "오직 성령의 열매는 사랑과 희락과 화평과 오래 참음과 자비와 양선과 충성과 온유와 절제"(갈5:22-23)이다. 바울은 열등한 본성을 가진 존재를 그리스도 예수와 함께 '십자가에 묻어버리라고' 말한다. 그렇기 때문에 '육체' 혹은 열등한 본성은 바울에게 있어서 온전한 '몸(the whole body)'을 의미하는 것이 아니라 오히려 사회적인 결과를 염두에 두지 않고 정욕과 편집증적 행동에 노예가 된 것을 의미한다. 요컨대, 육체 혹은 열등한 본성은 영적인 연민을 깨닫게 하고 그것을 우리의 육체로 스며들게 하는 것이 아니라 그 본성의 희생양이 되는 것을 의미한다. 바울에게 있어서 어떤 문제가 십자가에 처형되어져야 한다는 것은 그것이 참으로 십자가에서 '죽는다'는 것, 즉 그것이 더 이상 문제가 되지 않는다는 것이다. 문제는 변했다. 열등한 본성을 십자가에 처형하라는 바울의 묘사에서 우리는 인간의 변화(transformation), 동기와 내적 감정 상태의 변화에 대해 가졌던 바울의 혁신적 희망을 알게 된다.

후대 그리스도교 문서에서도, 이 깊은 내적인 상처를 치유하는 방법이 바울이 그랬던 것과 동일한 정도로 극단적으로 묘사되어 있다. "사랑에 대한 관상은 그 자체로 점차 죄의 모든 뿌리로부터 그대를 치유한다"(존스톤). 우리는 바울에 의해 표현된 동일하고도 대담한 희망을 ≪무지의 구름 – The Cloud of Unknowing≫이라는 14세기의 저서에서도 발견한다. 인간 본성은 구원될 수 있다. 근원적인 상처는 치유될 수 있다. 우리는 하나님의 나라를 느끼며 매 순간 우리의 삶을 살아갈 수 있다. 그리스도교의 신비전통이 추구하던 것이 바로 이러한 내적 변화였다. 그것은 단순히 행동을 변화시키기 위한 것이 아니라 행위의 내적 동기를 변화시키기 위한 것이기도 하다. 그것은, 개개인이 내적 화해, 내면의 평화, 신적 현존과 영화로운 삶에 대한 내적 확신을 경험할 때까지 지속적으로 표현하시는 하나님의 긍휼에 부합하기 위해 인간의 본성을 변화시키는 것이다. 그러한 내면의 변화를 일으키기 위해 우리는 그리스도교의 묵상 방법을 살펴볼 것이다.

다른 사람들 그리고 다른 피조물들과 관계를 맺고 살아가는 가운데 내면의 변화가 일어난다. 그리스도인의 삶은 내면의 변화뿐만 아니라 외적인 변화, 공동체와 모든 창조 안에 있는 근원적인 손상의 변화에도 관심을 갖는다. 이 목적을 달성하는 데 있어, 바울의 육체에 대한 언어가 시사해 주는 바는 매우 크다. 그는 공동체를 육체에 비유해서 말한다. 바울에게 있어서 교회는 '그리스도의 몸'이다. 얼마나 흥미로운 개념인가! 어느 시대에서든지 교회는 부활하신 그리스도의 몸이다. 부활하신 그리스도는 영이지만 그의 이름으로 자신을 부르는 사람들의 육체를 통해 역사적인 시간 속에서 계속 활동하신다. 예수에 의해 각성된 희망은 인간사회, 문화, 그리고 민족과 창조세계에 계속 작용한다. 그러나 그리스도 역시 새로운 창조의 비전을 현실화할 수 있는 우리의 몸, 우리의 육체적 생명과 피, 그리고 시간과 공간을 필요로 하신다.

공동체를 육체라고 표현하게 되면 유기적 행동을 체계화 할 수 있는 이론이 필요하다. 우리는 어떤 공동체에서라도 문자 그대로 다른 사람들과 더불어 하나의 몸을 이룬다. 우리는 유기체로서 행동한다. 그리고 개개인의 내적 동기에서 기인하는 고통은 공동체라는 상황으로 옮겨질 때 매우 중요하게 된다. 왜냐하면 자학적인 행위를 하는 경향을 가진 개개인은 인생에서 자신들이 만나는 사람에게 상처를 줄 것이기 때문이다. 유기체적인 사회가 그 안에 존재하는 하나의 사실을 야만스럽게 취급한다면 모든 종족에게 해(害)가 된다.

개인들의 근원적인 상처는 인종차별, 제도화된 부정의, 그리고 인간과 환경의 고통에 대한 조직적 외면이라는 집단적 죄가 된다. 바울의 육체에 대한 언어는 결국 그로 하여금 "몸은 하나인데 많은 지체가 있고 몸의 지체가 많으나 한 몸임과 같이 그리스도도 그러하니라 우리가 유대인이나 헬라인이나 종이나 자유인이나 다 한 성령으로 세례를 받아 한 몸이 되었고 또 다 한 성령을 마시게 하셨느니라(고전12:12, 13)"고 말하도록 한다.

우리는 이제 쉽게 사회적 차원에서 제기되는 희망이라는 주제에 주목할 수 있다. 바울이 묘사한 이 새로운 공동체는 사회 안에서 적대감을 가진 분파들을 포용한다. 바울의 시대에 사람들은 유대인 이방인으로 나누어져 있었고, 보다 극단적으로는 노예와 자유인으로 구분되어 있었다. 오늘날 우리 사회에는 어떤 분파가 존재하는가? 사람들이 자기 자신을 다른 사람과 더불어 살아가는 참된 동반자라고 이해하는, 집합적 육체로서의 인간사회를 나타내는 표시는 어디서 찾을 수 있는가? 거기서 우리는 그리스도의 육체를 발견한다. 우리는 외형적인 교회가 결속과 사회적 변화의 작인(作因)이 되기도 했지만, 많은 경우에 분파를 야기시키는 작인이 되었던 것도 인정해야만 한다.

바울은 전체의 기능에 있어서 개개인이 얼마나 중요한지를 지적하려고 육체라는 언어를 사용한다. 그는 머리 혹은 다리가 없는 육체가 과연 어떻겠느냐고 묻는다. 그대는 한 부분이 다른 부분보다 중요하다고 어떤 이유를 대면서 주장할 수 있는가? 여기서 바울은 시각적 방법으로 이웃에 대한 존경과 "너희 중에 가장 작은 자"를 공경하라는 예수의 근본적인 가르침을 제시한다.

　개개인이 가진 내적 고통의 가장 근본적인 문제는 또한 사회적 생활 속에서도 나타나는 문제이다. '육' 혹은 '영'의 방식으로 바울이 다루었던 행동 동기라는 문제는 사회적 상호행동의 태도이다. 인간의 마음은 본성적으로 사회적이다. 행동의 동기 혹은 내적 갈등이라는 가장 어려운 문제와 더불어 씨름을 하고 있을 때, 우리는 과거, 현재 혹은 미래의 관계라는 문제를 가지고 씨름하고 있는 것이다. 우리가 그리스도교의 묵상 방법을 통해서 내적 치유라는 주제를 탐구할 때, 이 원리가 우리를 인도할 것이다. 우리는 충분히 그것을 확장시킬 것이다. 그러나 이점에서 우리가 우리 안에 있는 내적 갈등과 우리 밖에 있는 공동체의 본성에 대한 관심 자체를 언급하기 전에, 이미 그리스도교 전통은 사회적 상호작용의 영역에도 관심을 가지고 있었다고 말할 수 있다. 우리의 공동체는 바울이 '그리스도의 몸'을 통해 그린 온전함과 포용성을 향해 움직이고 있는가? 아니면 인간 영혼을 위축시키고 있는가?

　내면 세계와 외부 세계가 상호 침투한다는 사실은 유대－그리스도교가 가르치는 서로 다른 두 핵심 개념으로 우리를 이끈다. 히브리적 사유로부터 온 '샬롬(shalom)'이라는 개념과 그리스도교의 동방전통으로부터 온 '헤시케이즘(hesychasm)'이라는 개념은 우리 안에 하나님 나라를 실재적으로 현재화하려는 동일한 목적을 가리킨다. 샬롬은 평화를 의미한다. 그러나 그것은 매우 특별한 방식의 평화이다. 그것은 상대방의 고통을 통해 얻는 나의 평화를 의미하는 것은 아니다. 그것은 모든 사물이 옳은 관계에 있음으로 해서 생기는 그러한 평화를 의미한다. 그것은 마치 바울이 모든 부분이 효과적으로 기능하고 모두가 다른 부분을 존중하는 예수의 몸이라고 표현했던 것과 같다. 그것은 이익을 위해서 서로가 서로를 기회가 생길 때마다 이용하는 것과는 대조된다. 평화는 사회 안에서 가장 작은 자에게 주의가 기울여지지 않는다면 확대되지 않는다. 그렇기 때문에 약한 자들을 희생시켜서 몇몇 특권을 지닌 사람의 부(富)를 획득시켜주는 데 대항해서 히브리 예언자들이 선포했던 것이 평화이다. 그것은 그 문화 안에서 과부들과 고아들에 대한 관심을 부추겼다. 샬롬은 희년이라는 전통 안에서 극대화되어 실현되었다. 주기적으로 희년에는 모든 빚이 탕감되었고, 모든 죄수가 석방됐고, 모든 사회가 새로운 출발을 했다. 개인이 자신의 노동으로부터 쉬며 단순하게 하나님이 베푸시는 소생의 은총을 경험하는 시간인 안식일을 다스리는 것이 평화이다.

'헤시케이즘'이라는 개념은 동방정교회 전통에서 왔는데 샬롬을 개인화시킨 것이다. 헤시케이즘은 정지(停止) 혹은 평화를 의미하지만, 사회적 맥락으로부터 개인을 고립시키는 방식으로 사용되지는 않는다. 이 용어는 내면 기도를 하는 사람들의 목적을 묘사하기 위해 사용됐다. 헤시케이즘은 관계에 대한 문제를 다루지 않는다면 결코 달성될 수 없다. 헤시케이즘은 내적 외적으로 고요한 상태에 있는 정신이라는 개념을 함축하고 있다. 즉, 사람은 내적 세계와 외적 세계 모두와 올바른 관계에 있으면 평화의 왕국이 순간마다 매일마다 매년마다 실현된다.

우리는 이것을 바라고 있지 않은가? 현실화된 평화의 영 안에서 변화하는 이 세계를 살아가고 싶지는 않은가? 그리고 우리는 우리 안에서, 그리고 우리가 책임지는 작은 영역에서 평화를 만들려는 우리 자신의 노력이 세계 공동체 안에서 샬롬의 창조에 기여한다는 것을 알기를 바라지 않는가? 우리가 계발할 사랑에 대한 영적 관상은 이 내적 외적 관심사 간의 가교가 된다.

　지금까지 언급한 내용이 의미 있는 영성생활을 하는 데 제기되는 문제이다. 우리는 그리스도교 묵상 방법의 도움을 받아 이 문제를 다루게 될 것이다.

새 하늘과 새 땅

　요한 계시록의 이미지들은 우리로 하여금 평화에 의해 활기를 띠게 되는 새로운 창조에 대한 굽힐 수 없는 희망을 갖도록 한다. 밧모의 요한은 새 하늘과 새 땅에 대해 말한다. 그가 본 미래에서 바울이 말한 출산의 고통으로 신음하고 있는 피조 세계가 완성된다. 요한의 미래상은 우리로 하여금 새로운 방식으로 조화된 땅과 하늘을 생각하게 한다.

　　"또 내가 새 하늘과 새 땅을 보니 처음 하늘과 처음 땅이 없어졌고 바다도 다시 있지 않더라. 또 내가 보매 거룩한 성 새 예루살렘이 하나님께로부터 하늘에서 내려오니 그 준비한 것이 신부가 남편을 위하여 단장한 것 같더라. 내가 들으니 보좌에서 큰 음성이 나서 이르되 보라 하나님의 장막이 사람들과 함께 있으매 하나님이 그들과 함께 계시리니 그들은 하나님의 백성이 되고 하나님은 친히 그들과 함께 계셔서 모든 눈물을 그 눈에서 닦아 주시니 다시는 사망

이 없고 애통하는 것이나 곡하는 것이나 아픈 것이 다시 있지 아니
하리니 처음 것들이 다 지나갔음이러라"(계21:1~4)

요한의 새 예루살렘에는 성전이 없다. 왜냐하면 "주 하나님 곧 전
능하신 이와 및 어린 양이 그 성전"(계21:22)이 되기 때문이다. 게다
가 대지는 완전히 회복되고 하나님의 종들이 "그의 얼굴을 볼 터이
요 그의 이름도 저희 이마에"(계22:4) 있게 된다.

여기서 약속된 왕국은 가장 시각적인 방식으로 제시된다. 에덴에
서의 타락의 저주가 제거된다. 생명나무가 발견된다.

"또 그가 수정 같이 맑은 생명수의 강을 내게 보이니 하나님과
및 어린 양의 보좌로부터 나와서 길 가운데로 흐르더라 강 좌우에
생명 나무가 있어 열 두 가지 열매를 맺되 달마다 그 열매를 맺고
그 나무 잎사귀들은 만국을 치료하기 위하여 있더라 다시 저주가
없으며…(계22:1~3)

자, 그러면 이 모든 신비적 이미지가 그대와 나 그리고 20세기
의 지구를 치유하는 것과 무슨 관계가 있을까? 내가 생각하기에
그것은 지금의 우리 시대가 가진 잠재적 치유능력을 자세하게 지
적하고 있다.

새 하늘과 새 땅은 지금 실현되어져야 한다. 우리는 새 도시가 하
늘로부터 왔고, 그 하늘은 신비적 은유로서 상상의 영역으로부터 나
온 것이라는 점을 주목해야 한다. 새 도시는 하나님의 영과 조화되
어 깨달은 인간의 영으로부터 탄생되어진 것임에 틀림없다. 그 새
도시에서는 이제 하나님과 얼굴을 맞대고 보는 사람들이 살게 된다.
거기에는 성전(聖殿)이 없다. 왜냐하면 성전은 중재하는 장소이기 때

문이다. 그리고 이제 사람들은 자신들 하나 하나를 하나님과 연결시킬 수 있다. 게다가 가인의 저주가 제거된다. 하나님의 이름이 그들의 이마에 쓰여진다. 이 부분에서 영화로움에 대한 이미지가 하나님의 현존, 그리고 다른 신비적인 전통에서 기술하는 직관적인 '제 삼의 눈(the third eye)'을 각성한 상태와 결합되어 나타난다. 창세기에 의하면, 우리 모두의 형제인 가인은 그가 그의 동생 아벨을 살해했기 때문에 내쫓겨져 땅을 방랑하게 되었다. 하나님이 그의 이마에 표시를 해서 그가 살해되지 않게 하셨지만, 가인은 또한 그 죄의 '표지'를 영원히 갖게 되었다. 여기 새 도시에서 죄의 표지는 신적인 영감(divine inspiration)이라는 표지에 의해 치유되고 하나님의 모든 자녀들에게서 광채가 나타난다.

이 새 하늘과 새 땅에서 피조물들은 모든 것을 넉넉하게 가지고 있다. 생명의 나무는 적당한 때에 그 열매를 산출한다. 내가 보기에, 이 나무는 우리로 하여금 모든 사람을 위한 충분한 양식이 있는, 그리고 질병과 고통이 줄어들어 온전함을 이룬 삶을 지향하는 세계를 창조하도록 우리를 영원히 활동하게 하는 희망에 대한 다른 이미지이다. 그리고 이 상태가 열정적인 인간 존재로부터, 그리고 신적인 근원을 가지고 있는 정신으로부터 솟아나 달성되는 때가 새 하늘과 새 땅이다.

이 새로운 실재를 그리며 사는 것은 그것이 실현될 수 있도록 노력하고 고통받고 투쟁하도록 고무되는 것이다. 그래서 우리는 늘 "나라이 임하옵시며 뜻이 하늘에서 이룬 것 같이 땅에서도 이루어지이다"라고 기도한다. 어둠의 세력이 이긴 것처럼 보이게끔 하는 모든 증거에도 불구하고 그러한 희망은 인간의 마음에서 사라지지 않을 것이다. 하나님의 현존이라고 불리는 이 희망은 영원히 지속될 것이다.

이제 그 희망을 구체화하고, 그 희망을 구현하고, 그것이 우리 존재의 바로 그 핵심을 꿰뚫도록 해서 우리 자신이 희망이 되도록 하는 것이 그리스도교가 지향하는 변화(transformation)의 본질이다. 동요하지 않고 그러한 희망의 현존 안에서 사는 것이 관상적 사랑 속에 거하는 것이다.

밧모의 요한은 바울이 말한 희망을 현재화했다. 그리고 그것을 절대적이고 명확하게 함으로써 육체적 삶과 사회적 삶이 이 희망에 근거하도록 한다. 어떤 영역도 그것에 의해 건드려지지 않은 채 남아 있을 수 없다. 창조는 그 고통으로부터 구원되는 것이다.

우리가 이 혁신적인 희망에 의해 사로잡혀 우리 자신과 세계를 변화시키기 위해 노력하게 된다는 사실은 우리로 하여금 신앙이 과연 무엇인지 본질적으로 생각해 볼 필요를 느끼게 해 준다. 하나님께 예배드린다는 것은 세상에 대해 확고한 희망을 가지고 우리의 내적 존재의 회심과정이 지속되도록 내적 외적 변화를 추구한다는 것이다.

구(舊) 소련의 서기장이었던 미하일 고르바쵸프(Mikhail Gorbachev)가 유엔총회에서 연설을 한 1988년 12월 7일은 진주만 기념일이었다. 그 날 나는 이 글을 쓰고 있었다. 그의 연설은 냉전의 종식을 상징한다. 나는 상상 속에서도 내가 살아 있는 동안 그러한 적대감이 사라지게 되리라고는 짐작조차 하지 못했다. 거의 2천년 전에 밧모의 요한의 환상은 우리를 용기 있게 만들어 인간 사회에서 실현될 희망을 꿈꾸도록 한다. 그의 꿈은 인간의 고통과 질병과 죽음으로 인한 울음과 비탄을 보편적으로 감소시키는 것에 대한 것이었다. 그는 옛 질서는 가버렸다고 말했다.

온전함과 거룩함

우리가 개인과 사회를 향해 이 신적인 희망을 가지고 우리를 각성시키며 살 때 우리 자신의 존재 안에서 변화가 계속 일어난다. 교회에 의해 매우 무시되었던 성화(sanctification)의 교리가 말하고 있는 것도 신적인 것과 맺는 이 변형적인 관계(transforming relationship)에 관한 것이었다. 이 말은 거룩을 의미하는 라틴말에서 유래한다. 성화는 하나님을 향해 일생동안 지속되는 성장과정을 묘사한다. 로마카톨릭신학은 이 과정을 신화(divinization)라는 현대적인 용어, 즉 존재의 과정이 완전히 신성으로 고쳐지는 것이라고 기술하고 있다. 이러한 교리적 용어는 창조적인 에너지의 근원이 되는 하나님과 접촉하는 데서 나타나는 새로운 변형을 묘사하려는 시도에서 나온 것이다. 우리가 신적인 근원에 대해 끊임없이 의식하며 살아갈 때, 우리의 정신, 마음, 육체는 끊임없이 재생될 수 있다. 궁극적으로 우리는 하나님의 긍휼과 희망에 근거하여 행동하게 된다. 성 테레사는 의지의 일치에 대해 이야기했다. 개개의 사람들은 신적인 의지와 자신을 조화시키게 될 것이다. 우리가 이 하나님과 인간의 합일에 대해 어떻게 말하든지 간에 그것은 생각하기조차 두려운 일이라 할 수 있지만, 그리스도교 역사를 통해서 생각되고 선포되어 왔던 것이 바로 그것이다.

합일을 묘사하려는 많은 시도가 있었다. 동방정교회의 헤시케이스트들은 예수기도(Jusus prayer)라 불리는 예수에 대한 헌신 기도의 형식을 실천했다. 예수기도는 사람을 예수와 연합시킴으로 하나님과도 연합시키는 것이다. 마이스터 에크하르트는, 우리의 '존재성(isness)'과 하나님의 '존재성'이 하나의 '존재성'이라는 것을 경험할 수 있는 우리 자신의 존재의 실현에 대해 말했다. 그 존재성 안에서 하나님도 우리 자신도 없고 다만 하나의 존재라는 성질만이 있다. "나는 그대가 그대 자신의 '그대자신 됨'을 침몰시키고, 흘러나가 하나님의 '하나님 됨'으로 들어가라고 충고한다. 그러면 그대의 '그대'와 하나님 '그분'의 의지는 완전하게 하나인 '내'가 되어 그대는 그분과 더불어 영원토록 그분의 변함 없는 실존과 이름 없는 무성(nothingness)을 알게 될 것이다"(폭스, 1980, 179). 아빌라의 성 테레사는 하나님에 대해 매일매일 완벽하게 의식하고 매일매일의 생활에서 인생의 목적을 명확하게 알게 된 최고의 상태, 즉 하나님과 개인이 결혼한 것과 같은 상태에 대해 말했다(카바노프 & 로드리게즈, 1980, 434). 요한 웨슬레는 사랑의 완성에 대해 말한다. 그 안에서 개인이 너무 변화되어 그녀 혹은 그는 "의도의 순수성, … 하나님에 대한 전체 이미지 속에서 마음이 새롭게 된 것"을 발견하게 된다(서그덴, 1921, 1968, 148). 단테는 고대 로마와 그리스의 고전적 세계를 비판했다. 왜냐하면 그 나라의 철학자들이 하나님의 '원초적인 사랑'과 직접적 관계를 가진 채 살아가는 절정에 오른 삶을 상상하게 하는 데 실패했기 때문이다. 성 보나벤투라는 '하나님께로 향하는 영혼의 여정'에 대해 말했다. 그 여정에서 그는, 한 사람이 마침내 직접적으로 하나님을 황홀하게 관상하게 될 때까지 인간의 인격과 하나님의 '족적' 혹은 '자취'가 반영된 창조의 모든 국면들을 탐구했다.

우리가 내적 삶을 개발시키기 위한 모델을 탐구하는 동안, 내면 세계가 각성되고 있을 때 혼란의 시기가 온다는 기록도 우리는 발견한다. 개인적 동기, 감정적 반응, 그리고 정신적 태도의 모든 국면이 탐구될 때 집중적인 정화(淨化)의 시기가 따른다. 새 마음과 새 몸이 나타남에 따라 마침내 하나님께 즐겁게 뿌리를 내린 새로운 평형점이 나타난다. 하나님께로 향하는 영혼의 여정은 온전함을 이루기 위한 여정이다.

우리 시대의 심리학적 이해의 중대한 공헌의 하나는, 우리가 우리의 내적 욕구나 충동, 우리의 정열과 정서적 콤플렉스 따위와 화해하여 평화를 이루어야 한다는 것이다. 위대한 내적 투쟁을 했던 그리스도인들의 삶을 기록한 글도 있지만, 변화된 존재의 '새 마음과 새 몸'에 육체와 감정을 적절하게 배치하는 것을 거부하는 경향도 있어 왔다. 그러나 그러한 관점에서 접근한다면 우리의 정신에는 보다 더한 소외가 생길 것이고, 우리는 평화로 향하기보다는 평화로부터 멀어지게 될 것이라는 게 나의 신념이다. 이 점은 많은 관상 문학작품들에서도 잘 나타난다. 우리는 다음 장에서 우리의 빛 뿐 아니라 어둠도 설명해주는 인간 존재의 모델을 탐구할 것이다.

우리는 온전함을 이루기 위한 과정으로서 성화의 과정을 탐구하기 시작할 것이다. 우리는 우리의 내면의 상처를 치료하기 위해 그 근원과 잠재된 것을 살펴볼 것이다. 그리고 우리는 우리를 인도하는 원리로서 영혼이라는 개념이 회복되어야 한다는 점을 살펴볼 것이다.

다음 단원에서 우리는 창조 안에 계신 하나님에 대한 묵상, 성서묵상, 예수기도, 센터링기도 등 그리스도교 전통이 제시하는 묵상방법들을 살펴볼 것이다. 그리고 마지막 단원은 의미 있는 묵상훈련을 하는 데 있어서 도움이 될만한 정보를 제공할 것이다.

제2장

영혼의 회복

　우리는 영혼과 접촉하는 방법을 상실한 시대에 살고 있다. 토착 문화에는 '영혼의 상실(Soul‒loss)'을 표현하는 용어가 있는데, 이것은 질병을 가리키는 것으로 그 중에서도 가장 심각한 질병을 말한다.

　영혼의 상실이란 한 인간의 본질적인 성정이 매일 매일의 삶으로부터 무슨 까닭에서인지 분리되어버렸다는 것을 의미한다. 20세기 서구 문화 속에서 '영혼'이라는 용어가 그 의미를 잃어버려야만 했다는 것은 얼마나 기막힌 일인가. 결국 우리는 우리의 영혼에 대해서 잠정적으로만 말할 수 있을 뿐이며, 영혼이라는 용어는 우리 문화에서 그 의미를 잃어버리고 말았다.

　니들먼(Jacob Needleman)은 ≪상실된 그리스도교(Lost Christianity)≫라는 그의 고무적인 책에서 의미를 상실한 영혼을 다시 정의(定意)하며 이야기한다. "우리는 영혼이라는 개념의 상징적인 힘을 되찾고, 우리 자신 즉 잃어버린 우리 자신을 찾는 안내자로 삼기 위해서 영혼을 회복시키고자 하고 있다"(1980, 189). 계속해서 니들먼은 우리의 영혼이 창조되는 과정을 설명한다. 그에 의하면, 그리스도교가 지닌 문제들 가운데 하나는 영혼이 발전해 가는 과정을 충분하게, 그리고 분명하게 밝히지 않았다는 것이다. "그리스도인 작가 중에 인간이 잠재적으로 영혼을 가지고 있다고 분명하게 말한 사람은 거의 없다"(니들먼, 1980, 213). 그래서 니들먼은 영혼의 잠재력을 계발시키는 작업이 이루어져야 한다는 사실을 이해할 필요가 있다고 설명한다. 이 과정을 위해서, 그는 영적인 전통을 통해 전수되어 온 비전(秘傳)으로 훈련받을 필요가 있다고 말하는데, 이 훈련을 통해 우리는 우리 자신의 내면적인 경험과 조화를 이룰 수 있는 방법을 배운다. 우리의 과제는 '우주적 구도 속에서 모든 창조 에너지를 돌보거나, 그것과 조화를 이루거나, 혹은 관계를 맺을 수 있는 단 한 사람, 중재자(intermediate man)'를 개발하는 것이다.

모든 창조 에너지들과 관계를 맺은 채 이런 중재의 위치에 있어야 하는 인간의 지위를 이해하는가? 우리들 자신이 개별적으로 그런 관계를 맺을 능력이 있어야 한다는 것도 이해하는가? 역사적으로 그런 관계는 인간이 지닌 영혼의 능력으로 이해되어 왔다. 중세 철학의 '존재의 거대한 사슬'을 상기해 보라. 모든 피조물은 가장 작은 것으로부터 하나님에 이르기까지 각자 자신의 자리가 있다. 인간은 존귀한 지위를 지닌 존재로, 모든 피조물들 가운데 다른 모든 것들과 관계를 맺을 수 있는 단 하나의 피조물이었다. ≪무지의 구름≫에는 이러한 이해를 보여주는 다음과 같은 내용이 나온다.

'모든 피조된 우주는 그대의 아래 그리고 그대의 밖에 있다. 비록 해와 달과 별들이 모두 그대보다 위의 천궁에 찬란하게 자리잡고 있을지 몰라도 인간이라는 네 존귀한 지위와는 비교할 수 없다…

인간으로서 그대는 그대의 능력을 매개로 하여 창조세계 안에 있는 모든 것과 관계되어 있다.'

'만약 그대가 창조의 위계와 그 속에서 자치하는 그대 자신의 본성과 지위에 대한 이 모든 것들을 이해한다면, 그대는 그대가 맺고 있는 각각의 관계가 얼마나 중요한지를 평가할 수 있는 몇 가지 기준들을 얻게 될 것이다'(Johnston 1973, 129).

영혼은 거대한 수용 능력을 가지고 있어서 천사들과 그리스도라는 신비한 존재뿐만 아니라 피조된 모든 것들, 하나님 그리고 이미 죽은 '의로운 자들의 영혼'과도 관계를 맺을 수 있다고 여겨졌다. 여기에 언급된 인간의 능력이란 마음(모든 내적인 실재들을 통합하는 능력), 이성, 의지, 상상력, 그리고 감정을 말한다. ≪무지의 구름≫에서 감각능력은 명백하게 언급되지는 않지만, 다른 중세 저서들, 특히 성 보나벤투라의 ≪하나님께로 향하는 영혼의 여정≫에는 명백하게 언급되고 있다. 이런 능력을 통해서 영혼은 존재하는 모든 것들과 관계를 맺는다. 상상력이나 감정, 이성, 의지의 실천, 예민한 감각을 수용할 수 있는 우리의 능력은 얼마나 계발되었는가? 이런 주제들은 그리스도교가 제시하는 묵상훈련에 대한 단원에서 탐구할 것이다. 지금 내가 제기하고자 하는 문제는, 니들먼이 말했던 중재자로서의 존재에 도달할 수 있게 하는 잠재력 있는 영혼이라는 개념을 우리가 가지고 있는가이다.

나는 현대인의 삶에 있어서 주요한 문제들 가운데 하나는, 우리가 인간의 영혼이라는 존귀한 개념을 잃었다는 점에 있다고 생각한다. 그리고 거기에 우리가 '영혼을 상실'하게 된 근거가 있다. 여기에는 거대한 힘의 역설이 작용하고 있다. 우리가 인간으로서 우리 자신을 충분히 고귀하게 여기지 않는다면, 우리는 우리 행동에서 위대한 결과를 기대할 수 없다. 이런 사실은 현재 다가오는 환경 위기에서 가장 극적으로 드러난다. 만물이 상호의존하고 있다는 사실을 이해하지 않았기 때문에, 우리는 우리가 떠맡은 개인적인 역할을 심각하게 고려하지 않은 채 배기가스 방출기와 냉각제를 생산했다. 우리 한 사람 한 사람이 문제이다. 이 사실은 이제 회피할 수 없다. 인류는 지구 에너지와 협력하여 창조하는 역할을 하기 시작했다. 우리의 손에 종(種)의 운명이 달려있다. 이런 문제는 인간이 자연 속에서 자신의 역할을 너무 고귀하게 생각했기 때문에 비롯된 것이라고 간주할 수도 있다. 확실히 적당히 겸손할 필요도 있다. 그러나 실제로 문제가 되는 것은, 인간이 그 자신을 고귀하다고 충분하게 생각하지 않는다는 점, 그리고 피조물과 신적인 영감 사이에 있는 중재적인 힘으로서의 역할을 진실로 받아들이지 않는다는 점, 그래서 자신의 끔찍한 파괴력을 인정하지 않는다는 점이다. 개인적인 측면에서, 그리고 종(種)이라는 측면에서 우리는 영혼이라는 개념을 회복할 필요가 있다. 우리는 존재하는 모든 것과 상호관계를 맺고 있다. 우리는 그런 관계를 의식해야만 한다. 그리고 우리는 선한 사업을 위해 우리의 힘을 사용하는 방법을 배워야 한다. 우리는 '시간과 영원 모두와 관계를 맺고 있다는' 것을 배워야한다(니들먼, 180).

그런 태도를 갖게 되면, 우리는 우리 안에서 영혼이 서서히 나타날 필요가 있다는 것을 깨달아 그것을 요청한다. 니들먼은 우리에게 '모순이라는 심리학적 고통' 속에서 힘겹게 살아가라고 요구한다. "…인간이 의문에 빠져 있을 때, 그 또는 그녀는 실제로 그 / 그녀 자신 내부의 귀한 부분과 천한 부분의 사이에 있게 된다"(니들먼, 176). 나는 이 방법이 제자도(弟子徒)에 관한 어려운 말씀을 하실 때 예수께서 사용하신 방법과 같다고 본다. 예수는 끊임없는 결단을 요구하셨다. 그 결단에 쉬운 대답이란 없었다. 그리고 그분 자신이 어려운 선택을 함으로써 고통받을 각오가 되어있음을 보여주셨다. 영혼이 하는 일이란 것은 바로 이런 것이다. 니들먼은 이것을 '의문을 가지고 사는 것'이라고 부른다. 실제로 우리는 아직 해결되지 않은 갈등 한가운데에, 모순 속에, 결말이 열린 곳에 기꺼이 우리 자신을 내놓으며, 우리 자신의 내부와 우리 주변에 있는 적대적인 힘을 통합시킴으로써, 그리고 중재자로서의 능력을 지닌 존재로서 우리가 지니는 책임을 받아들인다. 이러한 영혼의 작업은 어렵다.

이런 모순을 가진 채 살아가는 생활방식을 통해서, 고통을 통해 화해에 이르기까지 우리는 두 가지 작업을 동시에 한다. 한편으로, 우리는 문제를 해결한다. 우리는 드러난 문제를 해결하기 위해 우리 자신의 창조력을 사용한다. 그리고 다른 한편으로, 이것 역시 중요한 것으로, 우리는 우리 자신의 능력에 대해 점점 더 의식하게 된다. 우리가 가진 이 창조 능력이 시련을 겪을 때마다 우리는 우리의 능력에 대해 조금씩 더 배우게 된다. 우리는 느낌과 이성, 감각적 지각능력, 상상력과 의지적인 행동을 수용할 수 있는 우리의 능력을 확장시킨다. 우리는 인간으로서 우리가 가진 능력에 대해 더 많이 의식하게 하는 이 영혼의 작업을 수행해야 한다. 그렇지 않으면 우리는 확실히 지구와 함께 멸망해버릴 것이다. 이것이 현재의 상황에서 우리가 영적으로 성장해야만 하는 이유이다. 우리는 이것을 피할 수 없다. 이런 이유에서, 우리 시대의 비판적 사상가의 한사람인 켄 윌버(Ken Wilber)는 개인적으로 묵상 혹은 관상훈련을 기꺼이 수행하려는 우리의 성향을 우리 시대의 '새로운 언명(new categorical imperative)'이라고 부른다(1981b, 321). 칼 융(Carl Jung)은 우리가 우리 안에서 활동하는 힘을 의식할 수밖에 없는 결정적인 필요성에 대해 말했다(1969, 9-1, §487). 영혼의 작업이란 이런 것이다.

영혼의 개발

영혼의 수용 능력을 발전시키려면 우리는 어떻게 시작할까? 제임스 힐먼(James Hillman)은 ≪심리학의 재조명(Re-Visioning Psychology, 1975)≫라는 그의 책에서 영혼의 본성에 대해 자극적으로 기술하였다. 힐먼은 심리학적 관점에서 볼 때, 영혼이라는 개념 속에 담겨진 인간 존재의 깊은 차원을 심리학이라는 분야에서 되찾을 필요가 있다고 말한다. 그는 인생의 과제를 '영혼 만들기(soul-making)'라고 부른다. 이 말은 낭만주의 시인들에게서 빌려온 것으로, 존 키이츠(John Keats)가 사용했던 것이다. 비슷한 개념이 윌리엄 블레이크(William Blake)의 저술에서 발견된다. 키이츠는 "그대가 원한다면 세상을 '영혼을 만드는 계곡'이라고 부르라. 그러면 그대는 세상의 쓰임새를 발견하게 될 것이다…"라고 쓰고 있다(ix). 또한 "이런 관점에서 볼 때, 인간의 모험이란 영혼을 만들기 위해서 세상의 계곡을 헤매는 것이다. 우리의 삶은 심리학적으로 설명되며, 삶의 목적은 영혼을 만들어내는 것, 삶과 영혼 사이의 연결성을 발견하는 것이다"(ix)라고도 했다. 그에게 영혼이라는 말은 어떤 '관점' 내지는 '시각', 지각능력과 행동 사이에서 '반성적인 순간(reflective moment)'을 창조해내는 능력을 의미한다. "영혼 만들기는 이 중간 지대를 차별화 하는 것을 의미한다"(x). 우리는 힐먼이 기술한 부분에서 니들먼이 제기한 영혼을 형성하는 원리에 대한 물음과 평행이 되는 구절들을 발견한다. 우리가 지각과 반응 사이에, 또한 우주에 있는 모든 힘 가운데에 서 있다는 관점을 받아들일 때, 우리는 영혼의 영역에 들어선다.

힐먼은 영혼이 발전하는 과정을 '영혼 만들기(soul-making)'라고 부르지만, 나는 '영혼 불러오기(ensouling)'라는 말을 선호한다. '영혼 만들기'라는 말은 너무 오만한 것 같아 내 취향에는 맞지 않는다. 우리는 영혼을 만들어내지 않는다. 다만 발견해 낼뿐이다. 그러나 이런 발견의 과정을 지나는 것도 어려운 일이다. '영혼 불러오기'라는 말에는 노력과 수용이라는 역학관계가 동시에 드러나 있다.

영혼 불러오기에 사용되는 언어는 이성의 언어가 아니라 환상과 비유, 그리고 시의 언어이다. '영혼이라는 말로 내가 의미하는 것은 우리들 본성 속에 있는 상상력과, 반성적 사색과 꿈, 이미지와 환상(fantasy)을 통한 경험으로서, 이런 양식에서는 모든 실재들을 우선 상징이나 은유로서 인식하게 된다'(위의 책, x). 힐먼은 영혼을 상상력과 동일시한다. 그는 영혼이라는 말의 그리스어 프시케(psyche)로 우리의 관심을 이끈다. 프시케는 에로스와 프시케 이야기 속에 나오는 아름다운 여인의 이름이기도 하다. 이 단어는 또한 불나방이나 나비를 의미하기도 한다. 이런 이미지들은 여성, 밤, 그리고 꿈이라는 함축적 의미를 갖는다. '영혼은 상상력이고, 성 어거스틴의 이미지를 빌리자면 동굴 속의 보고(寶庫)이며, 혼란이며 풍요로움이다'(위의 책, 68-69). 힐먼은 그리스도교가 환상과 꿈의 영역을 신뢰하지 않았다고 비판한다. 그는 영혼이라는 동굴 속의 보고가 정결을 요구하는 그리스도교 때문에 점점 더 축소되었으며, 데카르트의 경험론의 발흥과 이성을 극단적으로 강조하는 경향으로 인해 최후의 일격을 당했다고 말한다.

힐먼의 말을 따르자면, 신과 여신이 등장하는 그리스의 세계관은 영혼이 활동하기에 충분한 배경이 된다. 그리스에서 정신적인 힘은 그 독특한 성격을 따라 명명되었다. 이들은 인간화되고 신으로 불리기까지 한다. 이런 방식으로, 인간의 의식을 뛰어넘는 성스러운 힘에게 적절한 경의가 표해졌던 것이다.

우리는 우리 시대에 영혼의 언어를 회복하여 그것과 의사소통 할 수 있도록 해 줄 필요가 있다. 이런 과정이 심리학의 영역, 특히 융학파와 초인격심리학 분야에서 지금 진행중이라고 나는 생각한다. 이 심리학 분야들에서는 꿈과 상징, 비유의 지위가 강조되고 있다. 우리가 우리 자신에 대해 의식하는 부분은 실제 우리 자신의 아주 작은 부분에 불과하며, 우리의 의식 저변에는 한 때 신과 여신으로 표현되었을 정도로 강력한 힘을 지녔지만 의식하지 못하고 있는 에너지가 존재한다는 사실은 이해된 듯하다. 우리 시대의 사람들은 이 에너지를 대개 융이 명명한 것처럼 원형(原型, archetype)이라 부른다.

원형 그 자체는 우주적이며, 그 단어가 가리키는 이미지를 초월한다. 이들은 아버지나 어머니, 아이, 현자, 영웅, 전사, 치유자, 선생, 노동자, 자아와 같이 매우 보편적인 원리이다. 융의 설명을 따르자면, 이 원형은 개인의 영혼이 세워지는 비인격적이고 우주적인 구조이며, 이 원형적인 힘은 우리가 그것을 의식하든 못하든 스스로 자유롭게 존재한다. 우리가 그런 원형과 마주칠 때, '그것은 매력을 발휘하며, 우리의 의식에 활발하게 이의를 제기하여, 결국은 우리의 생각과 감정, 행동에 무의식적인 영향을 미침으로써, 비록 이런 영향을 먼 훗날까지 알아채지 못한다고 해도, 우리의 운명을 만들어낼 것이다'(융, 1967, 5,§467). 그리스나 그와 비슷한 신화적인 문화권에서 원형은 개성을 가지고 있고, 신이나 여신으로 불려졌다.

오늘날 우리에게는 영혼의 이 풍부한 내용가운데 한 부분만이 남겨져 있다. 성경은 우리가 의식할 수 있는 기억 속에 부활하신 그리스도, 천사 가브리엘 등과 같은 신적인 에너지들과 직접적으로 조우하는 내용을 담고 있다. 그러나 우리는 대부분 우리 내부에 있는 충동과 갈망, 욕구를 통찰력이나 지혜와 같은 신적인 매개체의 도움을 받지 않고 스스로 분별하도록 남겨져 있다. 우리는 우리의 권태와 분노와 조용한 절망의 의미를 분별하려고 혼자서 애쓰고 있다. 그러나 사실상 이런 것들을 통해 우리는 우리 내부로 침투하는 성스러운 노력을 만나게 될 것이다.

현대의 많은 사람들은 아버지 혹은 어머니라는 강력한 원형의 성격을 이해하게 될 것이다. 많은 사람들이 부모가 되는 일을 뒤로 미룬 채 거의 중년에 이른다. '생물학적 시계가 보내는 부모가 되라는 강력한 충동'이라고 불려왔던 것을, 내 생각에는 아버지 어머니라는 원형들의 부름이라고 표현하는 것이 더 정확할 것이다.

여기서 내 개인적인 경험을 이야기하겠다. 내게는 부모가 되라는 강력한 충동이 일찍부터 있었다. 그래도 나는 아버지가 되지 않게끔 나 자신을 설득시켰다. 그러나 좀더 최근에 부모가 되고 싶은 욕구가 너무나 커져서 나와 내 아내는 결국 아이를 갖기로 했다. 그래서 내 인생은 이제 돌이킬 수 없이 변했다. 아버지 원형이 내 안으로 들어왔으며, 나는 두 아이들의 아버지가 된 것이다. 이제 나는 두 번 다시 아버지라는 원형과 떨어져서 살지 않을 것이다.

아이를 갖기를 간절히 갈망했던 우리는 어느 크리스마스에 이 날을 축하하기 위해 마리아와 아기 예수의 상(像)을 사서 집으로 가져왔다. 또 어떤 때에는 내가 성 요셉에게 아이를 허락해 달라고 기도하러 카톨릭 교회에 가기도 했다. 이런 표현 양식들은 개신교에 뿌리를 둔 나 자신과는 낯선 것이지만, 영혼의 언어를 정확하게 보여주는 것이다. 이런 식으로 영혼이 원하는 것을 인격화함으로써 우리의 기도가 가능하게 된다.

우리는 그런 표현들이 어느 정도 낯설게 느껴지는 시대를 살고 있다. 우리는 이야기와 신화적 이미지, 비유에 나타나는 영혼의 언어를 교육받지 않았다. 조셉 캠벨(Joseph Campbell)이 그의 인생 말기에 쓴 신화적 이미지에 대한 책이 우리 문화의 상상력에 불꽃을 일으킨 것은 놀랄 일이 아니다. 우리는 상상과 신화적 이미지, 그리고 우리가 우리 영혼의 여행을 의식할 수 있게끔 도와주는 이야기를 듣고 싶어한다. 내용이 풍부한 세계의 신화는 영혼의 언어를 말해 준다.

세계 신화의 언어는 우리의 꿈의 세계의 언어와 같다. 매일 밤 우리는 꿈을 통해 낮 동안의 경험, 그리고 우리 안에 있는 빛과 어둠의 움직임을 지각하도록 도움을 받으며, 꿈은 이야기의 형태로 우리의 깊숙한 부분을 펼쳐 보여준다. 우리가 꿈을 신화의 이야기로 취급한다면, 신화 이야기는 우리가 꿈을 이해하는 데 큰 도움을 준다. 역으로 우리가 신화 이야기를 그 문화의 집단적인 꿈으로 이해한다면, 그 문화의 여러 신화가 이해될 수 있다.

그리스도교의 묵상 방법을 탐구할 때, 우리는 상상력을 불러 일으켜 성경의 이야기를 우리의 이야기로 읽게 해주는 방법이 있다는 것을 발견할 것이다. 이것은 내적인 치유를 위한 매우 강력한 수단이다. 이것은 성경의 신화적인 세계관이 우리 자신의 정신적인 경험 속으로 들어오도록 다리를 놓아준다. 이것은 하나님에 의해 인도 받는 진정한 경험을 일깨울 가능성을 열어준다. 우리는 여기에서 이성 아래 직관과 상상력으로 가득한 잠재 영역이 있다는 것, 우리의 기억과 감정적인 고통을 치유할 가능성을 우리에게 열어주는 더욱 광대한 인간의 능력이 있다는 사실을 발견하게 된다. 우리가 상상력을 사용해 성경으로 들어갈 때, 성경은 우리가 우리 내부의 깊고 신비로운 갈망을 인격화하도록 그리고 우리 정신 안에 있는 원형적인 에너지의 움직임을 이해하도록 도와준다.

내면의 치유 과정

그리스도교의 묵상 방법을 통해 도움을 받을 수 있는 내면의 치유를 탐구할 때, 우리는 신체적이고 감정적인 고통으로부터의 해방을 포함한 일련의 폭넓은 가능성을 발견하게 될 것이다. 이 주제에 대한 논의는 5장에서 다룰 것이다. 하지만 여기에서 영혼의 의사소통 방법과 그 통합 능력을 이해하기 위해서 내면의 치유에 대한 한 가지 예를 살펴볼 것이다.

1984년에 내가 도와주던 그리스도인 묵상훈련센터에서 일어난 일이다. 문제의 인물은 그 당시 40살이었다. 그를 톰이라고 부르겠다. 개신교 목사였던 톰은 만성적인 두통에 시달리고 있었다. 이 경험을 하기 전, 여러 해 동안 그는 두통을 삶의 일부로 받아들이며 살아왔다. 1988년에 내가 그와 이야기할 때, 톰은 여전히 두통의 증상이 나타나고 있었지만, 그는 자기의 특별한 경험이 삶에 얼마나 깊은 영향을 미쳤는가에 대해 이야기했다. 그것은 두통과 곧 이야기하게 될 과정에 나타나는 좀더 큰 문제들 모두가 풀리는 치유의 경험이었다.

우리가 묵상과 내면의 치유 작업을 시작하기 전에, 톰은 두통이 심리학적으로 암시하는 것이 무엇인지를 알기 위해 여러 방법으로 살펴 보았다. 톰은 두통이 그의 아버지 그리고 또 다른 권위적인 남성들과의 관계에서 비롯된 스트레스를 드러내는 것이라고 생각하게 되었다. 묵상훈련센터의 주요 묵상훈련 방법 가운데 하나는 이그나시우스 로욜라가 했던 것처럼 성경을 가지고 상상력을 펼치는 것이었다(모톨라, 1964; 켈시, 1976). 성경의 이야기 속에서 예수는 베데스다 연못에서 30년 동안 병자였던 남자를 만나신다. 예수는 그 남자에게 낫고 싶으냐고 물으셨고, 그에 따라 그 남자에게 자기 침상을 들고 일어나 걸으라고 말씀하신다(요5:1~15). 이렇게 묵상하면서 톰은 그의 두통이 낫게 되리라는 깊은 느낌을 받았다. 그리스도는 그의 내면 세계에서 그 어느 때보다 더욱 생생하게 현존하셨다. 묵상은 톰과 그리스도의 긴 포옹으로 끝났고, 그들 둘은 서로 웃으면서 걸어 나갔다. 두통의 모든 증상들은 삼일 동안 나타나지 않았다.

그 다음 주에 톰은 그 문제에 대해서 더 깊은 치료 작업을 하였다. 두통이 다시 오기 시작했기 때문에 나는 쉽게 긴장을 완화시키기 위해 톰의 몸을 지압했다.

드와이트 : 우리는 묵상으로 들어갈 수도 있고 두통 증상에서부터

시작할 수도 있습니다.

톰 : 난 지금 당신과 같이 묵상으로 들어가고 싶군요.

드와이트 : [묵상 상태로 들어가도록 톰을 안내하고 그가 묵상 속에서 몇 분간 침묵을 지키도록 한 후에, 묵상을 통해 체험하고 있는 것이 무엇인지 알아보기 위해 질문을 던진다.]

톰 : 나는 예수님과 함께 있습니다. 우리는 서로 부둥켜 안은 채 앉아있어요.

드와이트 : 우리는 지금 협조치료 과정에 있는 것 같군요. 당신이 예수님과 함께 경험하는 것을 막고 싶지는 않지만, 당신이 그리스도에 의해 붙들려 있는 동안에 두통을 살펴보는 게 적절할지도 모르겠군요.

톰 : 그래요. 그게 좋겠어요.

드와이트 : 우리가 하려는 것은 두통이 어떻게 당신에게 도움이 되게끔 할 수 있는지 알아내어 그것과 친밀하게 되고 친구가 되고자 하는 것입니다. 이야기할 대상에 대해 어떤 종류의 이미지를 그려 본다면 도움이 될 겁니다.

톰 : 항상 나는 두통을 마녀나 악마라고 생각했어요. 내가 알아야 할 어떤 것이라기 보다는 오히려 수술로 없애버려야 할 것이라고 여겼지요. 난 울퉁불퉁하게 얽혀있는 갈색 근육을 생각하고 있는데, 내가 그 근육과 이야기를 나눌 정도로 가까워지고 싶은지는 모르겠어요.

드와이트 : 좋습니다. 당신 스스로를 보호하기 위해서 수술용 메스를 들어도 좋아요. 당신은 그 근육과 이야기할 수 있나요?

톰 : 네, 입이 있군요.

드와이트 : 그 근육이 당신을 위해 무엇을 하고 있는지, 어떤 방

식으로 당신에게 도움이 될 수 있는지 물어보세요.

톰 : [처음에 대화를 시작하는데 혹은 그와 같은 아주 고통스런 경험에서 어떤 이익을 얻을 수 있다고 상상하는데 어려움이 있었지만, 그는 그 근육이 얼마나 오랫동안 그와 접촉하려고 했는지, 그 메시지를 건네주려고 얼마나 노력했는지 듣기 시작했다.]

드와이트 : 언제 처음 생겼는지 기억하냐고 물어보세요.

톰 : [근육이 되어 말한다] 당신이 받아들이려는 것보다 훨씬 오래 당신 주위에 있었어요. [이제 그 자신으로써 이야기한다] 내가 [약 15년 전에] 설교하는 것이 보입니다. 나는 선한 일을 하려고 열심히 노력하고 있네요. 나는 목사로써 그 자리를 지키기를 원하지만, 거기에는 기쁘게 해주어야 할 사람들도 너무 많고, 기대하고 있는 사람도 많이 있어요[그의 감독 목사를 말함]. 나는 그리스도의 사자(使者)가 되고 싶지만, 그 일을 내 머리로, 내가 주의 깊게 준비한 원고로 하고 있어요. 나는 너무 두려워요. 예수님, 당신은 어디 계십니까?

드와이트 : 당신이 설교할 때, 그리스도의 임재하심을 느낀 적은 없었나요? 두렵지 않았던 적은요?

톰 : [천천히 한 가지를 기억해 낸다] 아프리카에 있을 때였어요. 나는 그 마을에 단 하나뿐인 백인이었지요. 거기에 교회가 있었고, 내게 설교해 달라고 했어요. 난 준비한 게 없었어요. 나는 물 한 병을 가지고 가서, 내가 백인으로서 그리스도에게서 받은 특별한 메시지는 없다고 말했지요. 오히려 그들이 나를 환대함으로 내게 그리스도를 보여주었다고 했어요. 우리는 모두 같은 물을 마셨죠. 내게는 그들이 그리스도였지요. 그때 나는 내가 노트나 배운 지식을 가지고 설교하고 있는 것이 아니라는 걸 알았어요. 그건 우리 안에 계신 그리스도였어요[안도와 행복의 눈물].

드와이트 : 이제 다른 기억으로 돌아가서 거기에도 그리스도를 초청하고 싶습니다.

톰 : 좋아요. 그분이 교회 중앙 복도로 걸어오시는 게 보여요. 그분은 항상 거기 계셨는데 내가 그분을 보지 못했어요.

드와이트 : 두통이 있는 바로 그 지점으로 그분을 초청하세요. 그리고 이제 그리스도의 눈을 통해서 회중을 바라보세요.

톰 : [더 많이 눈물을 흘리고, 더 많이 받아들이고, 안도한다]

드와이트 : 이제 당신은 멋진 새 친구를 사귀었고, 장래에 그와 친해질 많은 방법들을 찾아낼 수 있어요. 자, 이번 묵상이 끝나가니까, 예전의 울퉁불퉁하게 얽혀있는 근육으로 되돌아가서 선물을 교환했으면 좋겠어요.

톰 : 그건 아주 어려울 것 같아요. 왜냐하면 나는 당신을 아주 오랫동안 증오해 왔거든요. [침묵] 난 내 메스를 내려놓을 수 있었어요. 선물은 교회 컵이에요. 나는 근육에게 물 한잔을 주었어요. 근육은 몹시 목이 말랐거든요. 난 우리가 둘 다 목마르다는 것을 깨달았어요. 우린 둘 다 '생수'를 마실 필요가 있었어요. 그 근육은 그렇게 갈색을 띄지 않고, 좀더 붉어졌어요. 근육이 내게 준 선물은 긴장을 풀고 혈관으로 더 많은 피를 흐르게 하라는 거예요.

톰 : [깊은 상상으로부터 벗어난 후에] 그 근육은 내 몸이고, 내가 마땅하다고 생각했던 방식으로 살기 위해서 무시했던 내 몸이 보낸 메시지예요.

계속된 대화에서, 톰은 자신이 경험했던 것을 사실로 믿기 어렵다고 토로했다. 그는 처음으로 확실하고 명료하게 그리스도의 임재를 경험했다. 그는 그런 경험에 걸맞는 지적인 이해력을 갖고 있지도 않았다. 그러나 그는 그 치유 경험과 그것이 가져다 준 통찰력을 부인할 수 없었다. 그는 또한 묵상하는 데 걸린 시간도 믿을 수 없다고 말하면서, 자신이 깨어있는 의식 속에서와는 시간이 다르게 흐르는 정신의 영역을 경험한 것 같다고 말했다.

영혼 불러오기에 함축된 의미

내적인 치유에 대한 이 예에는 세 명의 중심 인물들이 나오며, 이들은 상호간에 더 나은 의사소통을 하게 된다. 하나는 톰이 의식하고 있는 자기, 즉 톰의 자아(ego)이다. 톰의 자아는 내면의 치유 과정을 시작하기 오래 전부터 내부의 드러나지 않은 영역까지도 기꺼이 열어 보이고자 했음에 틀림없다. 우리는 묵상 경험으로 인해 톰이 놀란 것을 알 수 있었다. 그 과정에서 그리스도와의 관계에 대한 새로운 확신이 일어났기 때문이다. 또 이 자아가 변화 가능성을 전적으로 지지하는 것은 필연적일 수밖에 없다는 것도 알았다. 이것은 톰이 깊은 묵상으로 들어가 기꺼이 두통이 치유되기를 원한다고 결심했을 때 드러났다. 우리는 톰의 자아의 성격과 그가 지금 투쟁하고 있는 모순점에 대해서 몇 가지 실마리들을 얻었다. "나는 그리스도의 사자가 되고 싶지만, 나는 그 일을 내 머리로, 내가 주의 깊게 준비한 원고로 하고 있어요. 나는 너무 두려워요. 예수님, 당신은 어디 계십니까?" 톰의 자아는 그의 이성적인 기능과 거의 일치한다. 그러나 톰에게는 그리스도로 대표되는 신비와, 그를 목회의 길로 이끌었던 종교적 관심이 있었다. 톰은 자기 자신을 초월해 있는 분을 위해 봉사하고 싶어하지만, 그 초월적인 것을 어떻게 경험하는지는 알지 못했다.

이런 갈등은 두통이라는 몸이 알아차리지 못하는 두려움을 수반한 증상으로 나타났으며, 이것이 이 이야기 속의 두 번째로 등장하는 인물이다. 그는 몇 년 동안 두통과 끊임없는 투쟁을 해야 했으며, 두통은 날이 갈수록 더욱 더 적대적으로 보이게 되었다. 톰은 이 증상이 그에게 도움을 줄 수 있는 어떤 말을 할 수 있다는 생각이 자신에게는 정말 새로운 것이었다고 술회했다. 톰은 두통과 적대적 관계를 맺고 있었다. 따라서 우리가 신화의 영역에서 그것과 처음으로 마주쳤을 때, 그것은 마녀나 악마로 나타났다. 그래서 두통이 울퉁불퉁한 갈색 근육이라는 좀더 물질적인 형태로 나타난 후에야 톰은 그것에 접근할 수 있었다. 톰은 자아가 두려워하고 있다는 것을 알았고 자신을 보호하기 위해 그 근육에 다가갈 때 메스를 들었다. 톰이 두려워한다는 사실을 통해 우리는 그가 자아보다 근육이 더 강력하다고 느끼고 있다는 것을 알 수 있다. 두통과 싸웠던 몇 년의 세월동안에 이런 느낌이 커졌을 것이다. 두통은 톰의 의식 능력 안에서 극복된 것이 아니었다. 두통은 융이 말했던 '우리의 의식에 활발하게 이의를 제기하는' 그 원형들 가운데 하나가 보내는 메시지이다(융, 1967, 5, §467).

두통을 상징하는 근육은 그 자체로 특수한 기억을 담은 이야기를 하고 있다. 이 경우에 우리는 두 가지 기억을 되찾을 수 있었는데, 하나는 두통의 실재와 관계된 것이었고, 하나는 그리스도의 실재와 관계된 것이었다. 근육은 그 자신의 이야기를 했다. 치유를 하고 있는 동안에 우리가 해야만 하는 과제 가운데 하나는 아마 처음으로 근육이 우리에게 자기 이야기를 하도록 하고, 그 이야기를 듣는 것이다. 여기에 신화와 꿈에서 아주 중요한 부분인 이야기의 요소가 있다. 이야기가 풀려 나갈 때, 또 그 이야기를 반추해 봄으로써, 톰은 두통의 성격과 그것이 상징하는 근육이 그의 생리적 긴장에 대한 반응이라는 사실을 인정했다. 톰은 그의 이성적으로 정향(定向)된 자아의 관심사 속에서 그 긴장을 억제하는 법을 배웠다.

세 번째 인물은 그리스도이다. 여기에서 톰은 인간의 삶에 간섭하시는 하나님이라는 원형적인 상징 가운데 하나를 만난다. 그리스도는 두통 증상을 치유할 가능성을 대표한다. 그러나 톰에게 그리스도는 그 이상이다. 그리스도는 톰의 인생에서 목회와 인격계발에 대한 소명을 일으킨 동인(動因)이다. 그것은 부분적으로만 알려졌고 몹시 모호하다. 이 동인은 매우 강력해서, 톰이 이제까지 그것을 의식적으로 경험한 적이 없음에도 불구하고 그리스도를 위해 봉사를 하도록 그를 이끌어 왔다. 그리스도는 톰의 자아가 인정하는 더 거대한 권위와 지혜의 힘을 나타낸다. 톰은 그에게 복종하기를 원하며, 이제까지는 그에게 복종하지 않으려고 저항했다. 자아가 그리스도에게 복종하는 것은 상호 동반자관계를 이루고 있다는 것을 보여주는 것으로써, 이 사실은 묵상가운데 그 둘이 함께 웃는 데에서, 또 치유 시간에 둘이 부둥켜 안고 있다는 점에서 드러난다. 톰의 자아는 신화의 영역에 들어갈 준비가 되었다. 왜냐하면 이제 톰의 자아는 완전한 동반자로서 상호 작용이 일어나는 그 영역으로 들어갈 수 있기 때문이다. 또한 톰은 그리스도가 신뢰할 만한 분이시라는 것을 알기 때문에 미지의 영역에도 들어갈 수 있다. 융은 그리스도가 자아의 상징, 인간의 잠재능력을 완전히 보여주는 능력의 상징이라고 말했다. 톰의 경우가 바로 그렇다. 톰은 그리스도를 믿었고, 그리스도는 온전함으로 안내하는 믿을 만한 분이시다. 이것이 바로 우리가 돌아가게 될 주제이다. 그리스도교 묵상 방법에 따라 훈련시키기 위해 그리고 내면의 치유를 위해 많은 사람들과 작업하면서, 나는 이런 묵상훈련을 통해 드러난 마음 속의 그리스도가 믿을 만하고 그분이 주시는 충고도 건전하다는 사실에 놀랐다.

톰과 뒤얽혀있는 근육이 물 한 컵을 나누어 마시는 것은 치유를 상징한다. 합리성이나 스트레스에서 기인하는 신체적인 증상 모두 그들보다 더욱 강력한 근원으로부터 지혜와 양분을 공급받을 필요가 있다. 고대의 신화와 성서에서 신이 맡았던 기능처럼, 그리스도도 시간과 공간을 넘어선 영역으로부터 직접적으로 간섭하시는 신적인 힘의 회귀를 상징하는가? 나는 그렇다고 믿는다. 톰이 시간을 다르게 느꼈던 것과 오랫동안 잊혀졌던 기억을 떠올릴 수 있었던 것은 흥미로운 일이다. 이것은 공간에 대한 지각도 변화될 수 있음을 가리킨다. 그는 일상적이고 이성적인 의식과는 시간과 공간적으로 다른 자기 내부의 영역을 방문했다. 이 영역에서는 신과 악마가 말할 수 있고 스스로를 드러낼 수 있다.

이제 지금까지 숨어있던 네 번째 인물이 등장한다. 그는 치료자의 인격 속에서 나타난다. 치료자는 모든 다양한 부분들을 살펴보고 그 상호작용을 감지할 수 있는 능력, 관찰하는 능력 그리고 통합하는 능력을 대표한다. 이 능력은 주로 치료와 묵상 경험을 통해 일깨워진다. 이 관찰자는 자신의 의식적인 자아 – 자기(conscious ego-self)뿐만 아니라 역설이나 그리스도와 같은 신, 그리고 두통이나 얽혀진 근육처럼 악마와 동일시되는 것에 이르기까지 포괄하는 의식 능력 자체를 대표한다. 융은 사람들 내부에 있는 이 능력을 자기(the self)

라고 부르며, 이것을 자기의 유한한 의식과 구별하였다. 내가 생각하기에 '하나님에 대한 신뢰'란 우리 안에 있는 절망적이며 서로 갈등하는 부분들 모두를 아우를 수 있는 능력을 자기가 가지고 있다는 것을 신뢰하는 것이기도 하다. 영혼에 대한 작업은 융이 자아-자기의 축(ego-Self axis)을 창조하는 것이라고 묘사했던 바로 그 작업이다. 그것은 우리의 의식이 무한한 자기의 잠재력으로 확장되었다가 시간과 공간에 제약받는 삶에 관한 일상적인 자아의 관심사로 돌아올 수 있는 우리의 의식의 수용 능력을 창조하는 것이다. 다투고 있는 내부의 힘을 확인하고, 그것들이 서로 의사소통 하도록 하는 것 모두가 우리의 과제이다. 그렇게 될 때라야 비로소 영혼 내부의 치유가 일어날 수 있다. 우리가 우주의 자비로운 본성과 영혼의 잠재적인 치유능력을 궁극적으로 믿을 때, 이 과정에 희망이 있다. 하나님은 우주의 자기(the Self), 우주의 영혼(the Soul of the universe)이다.

영혼을 불러오는 기술 : 14세기의 경우

동굴 속의 보고(寶庫)로서의 영혼, 꿈과 상징, 비유를 통한 치유능력을 가진 영혼이란 현대 서양의 자기 이해와는 매우 동떨어진 것처럼 보인다. 우리는 경험주의적인 세계관에 속아, 실재는 감각적으로 지각될 수 있고 이성이 구축할 수 있는 곳에만 담겨있다는 원리를 받아들여왔다. 그러나 이것이 우리 현실의 한 부분을 대표할 수는 있다해도, 평화를 원하는 마음의 갈망을 설명할 수 없다는 것을 우리는 안다. 그것은 매일 밤 일어나는 의미와 목적을 찾기 위한 고군분투를 설명하지 못한다. 그것은 마음 속에 있는 빛과 어둠의 힘을 설명하지 못한다. 이 힘은 감각을 통해서는, 전혀 감지되지 않으며, 오히려 내면의 상상력을 통해서, 감수성이 민감한 상태에서, 또 고통을 주는 신체적인 증상을 통해서 감지된다. 꿈, 직관과 묵상이라는 내면 영역에서 일어나고 있는 우리 자신의 경험과 톰의 경험을 이해하기 위해서는 다른 세계관을 세워야 한다. 그러면 어디에서 시작해야 할 것인가?

우리가 출발점으로 삼아도 좋을 영혼의 모델은 많이 있지만, 14세기 유럽의 경우를 보는 것이 좋을 것 같다. 그 시대에 사람들에게는 ≪무지의 구름≫의 저자가 말했던 존귀한 위엄을 느낄 수 있는 감각이 부여되어 있었으며, 인간의 영혼은 우주의 모든 힘과 교류할 수 있는 능력이 있다고 여겨졌다. 따라서 우리는 그 시대를 여행할 것이다. 우리는 단테의 세계를 탐험할 것이다. 현실에 대한 그의 시각은 무의식중에 계속해서 우리에게 영향을 미치고 있다. 중세의 세계관을 매우 발달된 심리학적 신비적인 경험과 통합했던 단테는 서구 사상의 고귀했던 순간을 보여준다.   .

단테 알리기에리의 ≪신곡(Divine Comedy)≫은 영혼 불러오기를 묘사한 기념비적인 작품이다. 단테는 그가 살던 도시 플로렌스에서 추방당했을 때 이 작품을 썼다. ≪신곡≫에서 단테는 그 당시의 이해에 따라 영혼의 영역을 그림으로 그린 듯이 우리 앞에 보여 준다. 지옥과 연옥, 낙원의 세 부분으로 나눈 것은 단테가 가졌던 그리스도교적인 세계관의 신화적 구조에 근거한 것이다. 그러나 단테는 그 자신의 환상적 경험을 이 구조 안에 짜 맞춘다. 그가 적당하다고 생각한 곳에 성자들과 악당들을 임의로 배치하고, 자기 시대의 역사를 우주적인 차원에서 자유롭게 해석한 것이다. 기본적으로 지옥, 연옥,

천국이라는 세 부분으로 나눈 것은 이미 존재하던 우주관의 한 부분이었지만, 단테는 단순히 자신의 시간과 장소를 그 시대에 틀에 맞춰 고정시킨 것 이상의 일을 했다. 이것을 읽는 사람은 누구나, 단테가 자신의 존재에 대해 깊은 의문에 빠져 있었으며, 실제로 이 깊은 의문으로부터 벗어나기 위해 자신을 위한 실재를 구축한 것이 아닌가 하는 느낌을 강하게 받는다. 이 책 전체를 통해서 영혼의 성격이 무엇인지, 그가 다양한 영혼을 발견했던 상황은 어떠했는지, 그리고 하나님의 계시(啓示)는 어떤 성격이 있는지에 대한 물음이 제기된다. 세계관이 무너지고 현실과의 관련을 상실하게 되었을 때 단테는 자신을 탐구하기 시작한다.

우리네 인생 길 반 고비에,
　　올바른 길을 잃고서
　　나는 어두운 숲 속을 헤매고 있었다.

아, 거칠고 사납던 숲이 어떠했노라
　　말하기 너무 힘겨워
　　생각만 하여도 몸서리쳐진다!

죽음 못지 않게 쓰디써서
　　나 거기서 깨달은 선(善)을 다루기 위해
　　거기에서 본 다른 것들에 대해 말하련다.

나 어찌 거기 들어섰는지 다시 말할 수 없지만,
　　올바른 길 버릴 바로 그때
　　무던히도 잠에 취했던 탓이다…

마치 가쁜 숨을 몰아쉬며 빠져 죽을 듯한 바다에서
　　해안으로 나온 사람들이
　　무시무시한 물을 뚫어져라 쳐다보듯이,

아직도 도망치듯 머뭇거리던 내 마음도
　　산 사람을 아직까지 살려보낸 일이 없는
　　그 길을 되살피려 몸을 돌렸었다.

(단테, ≪신곡≫ 「지옥편」, Ⅰ : 1-25, 1949, 71)

이 의문으로 인해 단테는 자기 영혼과 새로운 관계를 맺고 자신의 세계관을 탐험하고 자신의 새로운 실재와 화해하지 않을 수 없게 되었다. 이 길은 두려움으로 가득한 곳이지만, 그는 이 완전한 미지의 영역으로 들어가기로 결심한다. 낙원을 향한 그의 길은 막혔으며, 그 대신에 그는 지옥과 연옥을 거쳐야만 한다. 그는 어둠을 피할 수 없다.

단테는 자신의 탐구를 영혼을 불러오는 창조적 행위로 만들었다. 단테를 죽음의 영역으로 이끄는 인도자는 그의 연인 베아트리체(Beatrice)와 고대 로마의 시인 베르길리우스(Virgilius)이다. 이 두 경우에 단테는 자기 시대의 어떤 다른 관행보다 자기 마음의 충동을 우선적으로 따랐다. 단테는 베르길리우스 뿐만 아니라 유명했던 고전시대의 주요 작가들 모두에게 경의를 표하며, 이로써 자신이 가지고 있던 그리스도교적 세계관과 고대 세계관 사이에 다리를 놓는다 (켐벨, 1968b, 107-8). 베아트리체가 낙원이 있는 하늘의 영역으로 그를 인도한다는 사실은 서양 정신(the Western psyche)에 일어난 중요한 전환을 보여주는 것이다. 우아한 사랑에 대한 이상은 12세기에서 14세기에 걸쳐 유럽과 이슬람 문화권 모두에 나타났다. 이런 우아하고 이상적인 사랑, 성모 마리아 숭배와 그녀를 기념하는 거대한 성당의 건립은 거의 동시에 일어난다(위의 책, 2장). 단테에게 있어서 이 새로운 여성 인도자는 단순한 영혼의 안내자일 뿐만 아니라, 삶 속에서 그의 마음을 흔들었다가 이제는 죽어버린 바로 그 여자이다. 그들의 사랑은 단테의 그리스도교적인 구조 속으로 완전히 통합되었다. 사실상 단테는 이 정신 구조에 새로운 이미지를 제시한다. 그는 광채 속에 빛나는 베아트리체의 얼굴을 바라봄으로써 하나님의 직접적인 광채를 견딜 수 있는 힘을 얻는다. 단테는 베아트리체를 자신의 안내자로서 바라본다. 그녀는 하나님의 광채와 신비로운 연합을 가능케 해 주는 그를 위한 중재자이다. 단테의 개성과 그 영혼이 담고 있던 독특한 성품은 그가 베아트리체와 베르길리우스와 맺은 관계 속에서 분명해진다.

단테의 세계에서 특히 영혼 불러오기라는 과제와 관계가 있는 영역은 연옥이다. 연옥에서 영혼은 자신을 정화하여 낙원의 황홀한 지복(至福)을 위한 준비를 할 기회를 갖게 된다. 연옥에서 사람들은 그들의 마음 상태를 묵상훈련을 통해서 정화한다. 이 묵상은 관계 속에서 일어난 범죄와 매우 깊이 연결되어 있다. 연옥에서 이들은 자신이 가진 내적 지각 능력과 적의에 찬 태도, 그리고 다른 사람에게 상처 주었던 그들의 행위 사이에 서 있다. 묵상훈련이 그들이 지닌 진실한 본성, 즉 중재자로서 그리고 책임 있는 존재로서의 본성을 일깨워준다.

우리가 삶을 영혼을 불러오는 과정으로 생각하기 시작한다면, 우리는 단테의 영혼관이 가진 몇 가지 특징을 알아볼 수 있을 것이다. 연옥에서 단테가 벌이는 영혼에 대한 토론은 발전적인 모델을 제시하는데, 이 모델은 인간의 삶이 자연 세계나 영적 세계와 갖는 관계가 어떠한지를 설명해주며, 그럼으로써 중재자가 될 수 있는 능력을 창조하게 한다(단테, 신곡, 연옥편, XXV : 49-78, 1955, 264-65). 태아는 발달 과정에서 식물이나 동물과 동일시되는 단계를 거친다. 뇌가 완성될 때, 그것은 하나님이 주시는 독특한 자극을 받을 준비가 되며, 이로써 하나님께로 돌아갈 수 있게 된다. 단테는 낙원에서 경험한 그의 환상을 통해서 이런 하나님과의 관계를 알았다. 그곳에서 단테는 빛과 광채, 화려하게 빛나는 성자들과 천사들의 무리라는 이미지에 대해서 이야기한다. 낙원에서 그는 이런 영역이 하늘 어딘가에 있다는 그 당시의 과학적 상식을 진실되게 붙들고 있는 것이다. 영혼에 대한 단테의 생각은 그 당시까지 생각되었던 영혼의 요구 조건을 만족시킨다. 영혼은 자연과 하나님 사이의 중간적인 영역을 대표하며, 상상의 영역이고, 세상의 사건들로부터 경험의 깊숙한 곳까지 들어가 행동의 내면적 동기와 그 외형적인 행동이 일상적으로 연결되도록 한다.

물론 우리에게 가장 큰 문제가 되는 점은 단테의 영혼관이 시대에 뒤떨어진 과학적인 관점에 기인한다는 사실이다. 그러나 내 생각에는 현대의 독자들이 단테를 읽을 때 주로 문제가 되는 것은 오히려 그의 과학적 지식보다는 그의 신비적 경험이 아닌가 싶다. 그러한 문제는 아마 다음과 같은 생각에서 비롯될 것이다.

단테의 세상은 내가 더 이상 믿지 않는 영혼과 우주에 대한 관념에 기초를 둔다. 그렇기 때문에 그가 말한 경험도 거짓되거나 적어도 내게 적용되는 것이 아님이 틀림없다. 그러나 이런 생각은 정신적인 경험과 그것을 묘사하기 위해 사용된 개념의 틀을 혼동한 것이다. 융과 힐먼, 그리고 다른 많은 사람들이(예를 들어 베텔하임, 1977 ; 싱어, 1973 ; 윌버, 1980) 신화적 사고의 경험이 아직도 인간의 정신 안에 남아 있으며, 신비적 직관의 경험이 아직도 유용하다는 것을 우리에게 지적해준다. 하지만 우리는 그 경험을 밑바닥으로, 무의식 속으로 밀어버렸고, 그것들은 거기에서 꿈과 정신병리학을 통해서 우리에게 들어온다. 그런 신화적이고 때로는 신비적인 경험이 우리에게 유용할 수 있다는 사실은 톰이 경험했던 울퉁불퉁한 근육의 치유와 그리스도의 존재 그 자체와의 만남에서 드러난다. 단테의 지옥, 연옥, 천국과 유사한 큰 구조를 제공해 줄 수 있는 영혼을 불러오는 현대적 틀을 짜는 것, 즉 우리의 삶의 경험을 영혼이 의식으로 들어오는 과정으로 이해할 수 있게 해주는 틀을 짜는 것이 가능할 것인가?

영혼 불러오기 : 초인격심리학의 기술

현대적인 학문으로서의 심리학은 20세기 초기 지그문트 프로이트(Sigmund Freud)의 저작을 통해 이뤄진 비교적 새로운 한 학문 분야이다. 그러나 영혼을 불러오는 방법인 심리학은 인류의 역사만큼이나 오래되었다. 이것은 이야기꾼과 어머니, 아버지, 무당, 예술가, 철학자, 그리고 제사장의 기술이었다. 무엇보다도 심리학은 단순한 자기 반성(self-reflection), 즉 자기 자신에 대해 반성하는 작업이다. 정신치료(psychotheraphy)는 자신에 대한 반성에 다른 사람을 포함시키는 것이다. 그 가장 기본적인 목적은 영혼을 위해 봉사하는 것이다. '정신치료'라는 말은 그 어근이 되는 두 단어인 '정신'과 '치료'의 뜻에 부합되게 영혼을 위해 봉사하는 것이지, 영혼을 다루는 것이 아니라는 사실을 이제 다시 상기해 보자(힐먼, 1975, 74).

영혼을 불러오기 위해 필수적이고 절대적으로 중요한 몇 가지 조건이 있다. 정신(psyche)[1]에 대한 우리의 관점이 톰의 경험과 타협할 수 있는 가능성을 가지고 있는가? 우리는 톰의 울퉁불퉁한 근육이 대표했던 악마적인 괴롭힘 같은, 우리의 자기 이해 내부의 힘있고 독립적인 것처럼 보이는 실재들의 영향뿐만 아니라 신적인 영역까지도 포괄할 수 있을까? 우리의 심리학이 신화나 꿈, 신비의 영역에 속한 경험을 이해할 수 있는 장소를 마련하지 못한다면, 우리는 '영혼을 위해 봉사'할 수 없게 되고, 대신 우리의 제한된 이미지 속으로 '영혼을 짜 넣을' 뿐이다.

1960년대 중반 이후로 초인격심리학 분야는 위에서 기술했던 경험을 받아들일 수 있는 인간 정신(human psyche)에 대한 이해를 발전시키려 해왔다. 우리에게 영혼의 모델을 다시 제공해 주는 이 새롭게 등장한 심리학에 기여한 사람은 수없이 많다. 칼 융의 저작은 서구 사고 속으로 영혼이 되돌아오게 하는 기반을 놓았다. 신화학 (mythology)과 연금술(alchemy), 꿈(dream)과 원형(archetype)에 대한 그의 저작, 그리고 집단 무의식(the collective unconscious)을 일반적인 심리학적 지평에서 바라보는 그의 시선은 심리학과 계속 증가하는 종교적인 관심 사이에 대화할 수 있는 장(場)을 마련했다. 로베르토

---

1) 정신(psyche)은 인간의 의식적인 영역에 속한 정신(mind)과는 달리 인간의 의식과 무의식의 영역, 곧 한 인간의 인격 전체를 총괄한다 : 역자 주

아싸지올리(Roberto Assagioli)는 우리 내면에 있는 무의식적인 힘에 대해 탐구했을 뿐 아니라, 보다 고차원적인 능력을 다룰 수 있는 의식과 그 의식을 수용할 수 있는 능력에 대해 말할 수 있게 하는 의식의 모델을 밝혀냈다. 또한 그의 책은 내적 각성을 확장시키기 위해 상상력을 사용하도록 하는 데 크게 기여했다. 20세기 초에 윌리엄 제임스(William James)는 종교적인 경험의 영역이 심리학적 실험을 하는 데 적합한 영역이라는 견해를 고수했다. 켄 윌버(Ken Wilber), 스타니슬라프 그로프(Stanislav Grof), 챨스 타트(Charles Tart)와 같은 주요 이론가들과, 프란시스 보언(Frances Vaughan)과 준 싱어(June Singer) 같은 실험 심리학자들의 최근 저작은 영혼을 다루는 방법에 대한 정보와 지식이 점점 더 확산되도록 하는 데 기여했다.

'초인격(transpersonal)'이라는 말은 개인을 통해서 그 개인을 뛰어넘기에 이른다는 뜻을 암시한다(Walsh와 Vaughan 1980, 177). '초(超-trans)'라는 말은 움직임과 변화, 유동성을 암시한다. 영혼을 불러오려 하는 초인격 이론에서는 사람들 내부의 알려진 부분과 알려지지 않은 부분에서 내적 통합이 일어난다는 사실을 인정한다. 힐먼이 기술한 것처럼, 영혼 불러오기의 기본적인 수단은 비유이다. 내 의식속에 무엇이 등장하던 간에, 그것은 나를 내 삶의 깊은 의미로 인도하는 인도자가 될 것이다. 초인격심리학의 과제는 사람들 내부의 의식적인 영역과 무의식적인 영역을 정확히 묘사할 수 있는 의식의 모델을 설명하는 것이며, 또한 우리가 어떻게 이 영역을 관통하여 우리 삶의 독특한 의미와 패턴을 구별할 수 있는가를 보여주는 것이다.

초인격심리학의 원리는 사람들이 자신 안에 스스로 치유할 수 있는 능력을 가지고 있다는 것이다. 한 개인의 건강상태가 더 나아질 수 있다는 희망을 절대로 잃지 않는 것이 절망 중에 있는 사람을 치료하고 치유하기 위한 조건이 된다. 개인이 자신 안에서 내적 온전함을 이루게 해주는 근원과 접촉하기 시작할 때 치유가 일어난다(월쉬 & 보언, 1980, 183).

얼핏보면, 이러한 입장은 역사적으로 서구인들이 가졌던 죄관(罪觀)과 정면으로 부딪치는 것 같다. 이 죄관은 인간이 죄로 인해 건강을 회복할 수 있는 자신의 잠재능력을 빼앗겼으며, 오직 신의 간섭을 통해서만 건강을 회복할 수 있다고 가정하기 때문이다.

초인격심리학은 서구인들이 지닌 견해에 대해, 사람들을 고립과 절망으로 몰아가는 분리와 소외라는 감정을 묘사하는 하나의 관점이라고 인식하는 것 같다. 그래서 초인격심리학은 우리로 하여금 그런 신념을 갖게 하는 정신 내부의 실재에 대해 질문을 던진다. 그리고 그 곳, 우리 자신의 내부에서 우리는 구별되고 분리되는 느낌을 발견하게 되는 것이다. 그러나 거기서는 신적인 치유의 원천도 발견되지 않을까? 동양뿐 아니라 서양의 신비주의 문학에서도 건강과 치유의 중심이 되는 신적인 부분이 있다고 한다. 그렇다면 우리는 그런 초월적인 경험을 어떻게 설명할 수 있을까?

초인격심리학이 확정된 학문의 연구분야가 된 이유 가운데 하나는, 그것이 문서로 기록되어 있는 초월적인 경험 현상을 연구하고, 그런 경험과 연관시켜 우리를 건강하게 만들어 주기 때문이다. 초인격 심리학에서는 잠정적으로 단테의 경험을 우리 모두에게 유용한 인간 경험의 한 형태로 받아들인다. 그러나 그 환상의 형이상학적인 틀은 물론이고, 환상의 독특한 내용 역시 개인들과 문화마다 고유한 것일 것이다.

융은 그의 초기 저작에서 집단적 혹은 비개인적인 무의식을 가리키는데 '초인격적인(transpersonal)'이라는 단어를 사용했다. 융은 일반적으로 '나' 혹은 자아(ego)라고 부르는 알 수 있는 의식과 알 수 없는 의식이 있다고 본다. 융에게 있어서 알 수 없는 의식은 외부 세계에서는 알 수 없으나 감각을 통해서는 알 수 있는 의식과, 내면 세계에 있는 알 수 없는 의식 모두를 가리킨다. '무의식'이란 내면 세계에 있는 알 수 없는 의식이다(Jung 1968, 9-II, §2). 융에게 자아, '나'는 단지 "의식 세계의 중심일 뿐이다… 자아는 의식이 하는 모든 개인적인 행동의 주체이다. 이론적으로 의식의 영역에는 한계가 있을 수 없다. 의식은 무한한 수용력을 가지고 있기 때문이다"(위의 책, §1-2).

우리 영혼은, 우리가 이미 의식하고 있는 부분으로부터 아직 알지 못하거나 무의식적인 부분으로 탐구의 대상을 옮기고 있다. 우리는 우리 자신의 개인사(個人史)에 대해 알려지지 않은 부분을 살펴볼 것이다. 이 부분 역시 개인 무의식의 내용을 이루고 있다. 그리고 우리는 집단적 혹은 비개인적인 무의식 속에 인류 전체가 공통으로 가지고 있는 알지 못하는 부분을 연구할 수도 있을 것이다.

융에게 있어서 이 비개인적이고 집단적인 영혼의 층이 되는 것이 원형의 영역이다. 이 영역을 물질적인 유기체 속에 있는 DNA의 존재에 비유해도 좋을 것이다. DNA는 종합계획도로서, 이에 따라 사람은 성장하고 발달한다. 내가 인간이고 개가 아니라는 사실은 이 비개인적이고 원형적인 유전부호의 결과이다. 그러나 내가 갈색 머

리에 푸른 눈, 어느 정도의 지방과 근육을 가지게 된 것은 내 개인
적인(대개 무의식적이지만) 유전인자에서 기인한다. 마찬가지로 융은
인간의 정신도 보편적인 구조를 가지고 있다고 생각한다(위의 책,
§12). 정신 구조가 비슷함에도 불구하고 엄청나게 서로 다를 수 있
다는 것이 인간의 특징이다. 집단 무의식 속에는 모든 인류에게 공
통적인 거대한 주제가 있으며, 이런 의미에서 이 주제는 개인적이지
않다. 그러나 원형이라는 이 각각의 주제는 우리의 개별적인 삶 속
에서 독특하게 표현되는 것이다.

　우리 자신이 독특함을 의식하게 되는 과정을 융은 '개성화
(Individuation)'라고 일컫는다. 진실로 한 개인이 되기 위해서 우리는
융이 보다 큰 개별성의 중심이라고 일컬었던 것이 무엇인지를 깨달
아야만 한다. 융은 이것을 '자기(the Self)'라고 부른다. 집단 원형의
층에 충분히 도달할 수 있는 자기는 끝까지 알려지지 않는다. 그러
나 부분적으로 알 수는 있다(융, 1968, 9-II, §9). 영혼을 불러오기 위
한 우리의 첫 과제는 우리 안에는 우리가 의식하고 알고 있는 것보
다 더 위대한 자기가 있다는 것을 깨닫게 되는 것이다.
　우리는 우리 자신을 우리의 '나'를 단순히 습관적인 방식으로 살
아가는 존재와 동일시하겠는가? 아니면 우리 자신으로 하여금 우리
안에 있는 알려지지 않을 것을 다뤄보도록 용기를 가지겠는가? 융
에게 있어서 이 자기는 우리가 찾아왔던 잃어버린 영혼과 매우 밀
접하다. 인간의 에너지가 단순한 개인적인 관심사로부터 해방되면,
그것은 이 집합적 영역을 탐구하는 데 사용될 수 있다. "원초적인
이미지는 가장 고대적이고 가장 보편적인 인류의 '사고 – 형태'이다.
그것은 사유(思唯)이면서 그에 못지 않게 감정(感情)이기도 하다. 그

것들은 영혼의 부분으로서 독립적인 자신의 삶을 인도해 간다"(융, 1966, 7, §104). 사람이 인간의 보다 깊은 층에 있는 집단 원형으로부터 자신의 원형을 발견하기 시작한다면, 그는 잃어버린 영혼을 발견하기 시작할 것이다.

영혼을 불러오기 위한 초인격적 모델

초인격심리학이라는 현대이론에 가장 커다란 공헌을 한 사람들 가운데 하나는 켄 윌버(Ken Wilber)이다. 인간 의식에 대한 비교문화적 관점에 의존해서 그는 우리가 탐구해 왔던 영혼의 영역을 설명할 수 있는 인간의 발달과 의식에 대한 도표를 만들었다(도표 1). 이 도표에는 자아발달 과정이 서구심리학에 매우 중요하다는 것과 영적 전통의 근본적 과제인 자아 — 초월(ego-transcendence)의 과정이 동양과 서양 모두에 중요하다는 점이 나타나 있다.

도표 1 영혼의 회복 — 인생 주기의 핵심 장면 : 전(pre) vs. 초(trans)

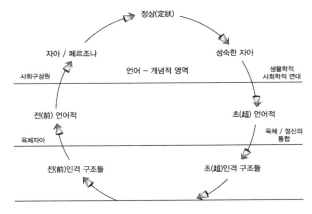

켄 윌버,The Atman Project,1980

이 도표는 왼쪽에 표시된 출생에서 시작하여 견고한 자아 구조(ego structure)를 만들기 위해 원을 그리며 위쪽으로 발달하는 움직임을 보여준다. 윌버는 이것을 '진화'라고 부른다. 개인은 모두 어머니의 자궁으로부터 태어나, 자아가 개성을 띠며 다른 개성적 존재와 분리를 느끼는 방향으로 발달하고 있다. 자아가 충분히 발달하면, 윌버가 퇴행(in volution)이라고 부르는 과정이 따라온다. 이 퇴행 과정의 목적은 우주와의 일치로 돌아가는 것이다. 우리는 죽음을 통해 이 경험을 할 것이다.

아이는 자신을 육체와 동일시함으로써 처음으로 구별된 정체성에 대한 의미를 발달시킨다. 처음에 이 정신과정(the mental processes)은 자신과 외부 세계와의 구별을 뚜렷이 하지 못하는 마술적 사유(Sence of magical thinking)라는 의미로 나타난다. 이 마술적 인지(magical perception)를 통해 취학(就學) 이전의 연령까지 아이들은 원시적 형태로나마 신비적 사유(mythic thinking)를 하게 된다. 이야기, 신화, 전설, 그리고 요정 이야기와 같은 것들을 통해 아이들은 자신들이 태어난 사회의 믿음을 배운다. 이러한 이유로 윌버는 이 발달 단계를 '소속 인식(membership cognition)'이라 부른다. 아이들은 그들 주변에 있는 이야기들을 통해 실재에 대해 생각하고 지각하는 법을 배운다. 이성적 발달이 시작됨에 따라 아이들은 스스로 생각하고, 그들이 속한 사회에 대해 반성할 수 있게 된다. 이 단계에서부터 아이들은 자신이 창조된 세계로부터 고립되었을 뿐 아니라 소속 집단으로부터도 고립되었다는 경험을 하게 됨으로써 소외와 고독에 대한 일반적인 느낌을 갖게 된다. 윌버는 이 고립의 느낌을 자아 각성(ego awareness)의 발달, 혹은 자신을 독립된 존재라고 깨닫는 단계와 동일시했다.

매우 복잡한 환경 속에서 어른으로서 생존할 수 있는 능력을 보장해줄 수 있는 자아의 기능이 한번 자리를 잡으면, 그러한 생존이 한번이라도 증명되면, 자아의 기본적인 과제는 완결된다. 이 때, 우리의 문화에서 발생하는 것이 실존적 위기이다. 누군가가 자신의 인생 목표를 달성한 것 같지만, 그러나 그는 여전히 공허하다. 진화를 위한 에너지는 이미 소진했다. 그렇게 되면 니들먼이 제기한 질문을 우리도 하게 된다. 우리는 우리 인생이 죽음으로 향하고 있고, 자아로서의 유일성에 대한 개념을 만들기 위해 그 동안 실재의 여러 단계와 분리되어 있었지만, 이제 다시 돌아와 실재와 연합하게 된다는 것을 깨닫는다. 이 실존적 위기는 영혼을 불러오는 과정으로 의식적으로 들어가라는 부름이다.

우리네 인생 길 반 고비에,
올바른 길을 잃고서
나는 어두운 숲 속을 헤매고 있었다.

(단테, ≪신곡≫ 「지옥편」, Ⅰ:1, 1949, 71)

윌버의 모델은 유년기의 신비적 사고와 우리가 어른으로서 들어가는 영혼을 불러오는 상상의 세계 사이의 유사성을 묘사하는 데 유용하다. "원숙한 형태로 이루어지는 신비적 사유는 병리적이거나 왜곡된 것이 아니라 오히려 실재의 심원한 부분과 일반논리를 훨씬 초월해 있는 원형적 존재의 고귀한 양태를 드러내 보이는 보다 고차원적인(시각적 이미지를 보여주는) 상상과 연결된다"(윌버, 1980, 24).

아이들이 발달함에 따라, 그들은 무의식적으로 자신들의 문화가 가지고 있는 신화에 빠져 그것에 의해 살고자 한다. 성숙한 자아는 이제 유년시절의 신화와 요정 이야기의 배후에 있는 원형적 구조를 인지할 능력을 갖게 되어, 이 원형적 인물들과 직접적이고 의식적인 관계를 맺기 시작한다. 성인이 되어 자아가 매우 성숙했을 때, 절망이나 의미의 결핍 혹은 꿈의 공포 속에서 실존적으로 제기된 질문을 통해 우리는 논리를 초월한 상상의 영역과 관계를 맺게 된다. 이 영역이 바로 영혼의 영역으로서, 여기서 인생의 작업은 신화를 받아들일 수 있는 여지를 다시 발견하고 신화적 세계를 통해 원형적 에너지들과 관계를 맺는 내면 작업이 된다. 이때 우리는 우리의 무의식적 행동 동기들을 의식할 수 있게 된다. 어떤 환자의 경우, 숨었던 그리스도가 나타났고 악마가 그 모습을 드러냈다. 윌버의 도표에서 직선들 사이에 있는 영역은 우리가 영혼을 각성시키기 시작하는 영역이 되어야 한다. 나는 도표 2에서 본 장에서 발견한 것을 요약할 것이다. 이 도표는 이성, 상상 그리고 관상적 빛과 같은 내적 경험의 유형간에 일어나는 상호작용을 보여주며, 또 개별적인 인간의 발달단계에 있어 의식의 그러한 유형에 가장 적절한 시기가 언제인지를 보여준다.

우리는 우리의 인생이 성령으로부터, 자궁 속의 빛으로부터, 그리고 유아기의 일치경험(unitive experience)으로부터 영혼을 불러오는 유년초기의 기간으로 움직인다는 것을 경험한다. 그 속에서 우리는 자아-발달을 위한 수단을 얻는다. 윌버는 자아의 정신상태를 영웅, 즉 투쟁과 전쟁을 하는 개인과 동일시했다(윌버, 1981b, 182-87). 요정 이야기는 아이들에게 자아 발달을 위한 신화적 구조를 제공한다. 우리는 그 속에서 자아를 성숙시킬 수 있는 지도(地圖)를 발견한다.

도표 2

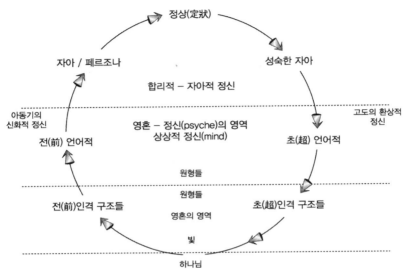

켄 윌버,The Atman Project, 1980

"현대의 아이들에게 영웅들의 이미지를 제공하여 그들로 하여금 스스로 세계 속으로 들어가게 해서, 비록 근본적으로는 궁극적인 것에는 무지할지라도 깊은 내적 확신을 가지고 영웅들이 걸어간 올바른 길을 따름으로써 그들로 하여금 세계에서 안전한 장소를 발견하게 하는 것은 중요하다."(베텔하임, 1977, 11)

어린 시절에 듣는 요정 이야기와 신화적 이야기들을 통해 이런 뼈대를 제공받을 필요가 있다. 성숙한 어른으로서 이와 같은 비논리적인 마음(irrational mind)으로 돌아갈 때, 우리는 종종 유년초기의 발달단계로부터 가지고 있던 풀리지 않은 문제들과 만나게 될 것이다. 신화와 같은 이야기들을 통해 우리는 이러한 문제들과 의사소통을 가장 잘 하게 된다. 이 마술의 왕국에서, 유년기의 신비적 영역과 성숙한 혹은 고귀한 상상의 원형적 인물 사이에는 상호작용이 있을 수 있다. 그러한 상호작용을 통해 치유가 가능하다는 것을 드러내기 위해 톰의 경험으로 돌아가 보자. 얽혀있던 근육은 억압된 육체적 감각의 표상이며 유년초기부터 가장 적절한 방식으로 작용했던 조건으로서 아이의 신화적 세계와 매우 비슷한 형식으로 우리에게 이야기한다. 그것은 또한 신비적인 힘을 가졌고 우리에게 기억을 회상시켜 줄 수도 있다. 그리고 그것은 스스로 인격을 지닌 것처럼 작용한다. 우리가 그것으로 하여금 우리에게 자신의 이야기를 스스로 하도록 내버려 둘 때, 우리에게 치유가 일어난다. 이 이야기에는 논리적 자아, 그리스도 그리고 악마적 근육이라는 세 강력한 인물사이의 상호작용이 나타난다. 이들 각각은 환자의 심원한 곳으로부터 온 강력한 원형적 사자(使者)를 표상한다. 치유는 그들이 공동으로 참여할 때 이루어진다.

만일 우리가 내적 치유과정을 시작이라는 거친 파도를 성공적으로 뚫고 나간다면, 우리는 새로운 방식으로 존재하게 될 것이다. 그리고 그러한 존재방식 속에서 참된 몸 / 마음(body / mind)의 통합이 이루어 질 것이다. 내면의 작업을 통해 톰에게 해결될 필요가 있던 육체와 이성적 마음(rational mind) 사이의 투쟁이 드러나게 되었다. 그가 그의 육체에 귀기울이고 직접 응답하는 법을 배웠을 때 치유가 일어났다. 그러한 몸 / 마음의 통합 작업은 우리가 내적 치유과정으로 들어갈 때, 많은 사람에게 중요하게 될 것이다.

윌버의 의식(意識)의 지도에서 오른 쪽 아래 영역의 초인격적 구조는 우리가 죽음으로 접근하고 있다는 것을 보여준다. 윌버는 두 가지 중요한 유형의 초인격적 구조를 '드러나지 않은' 영역과 '인과적' 영역의 경험이라고 기술했다. 이 구조는 우리가 죽음으로 접근할 때 드러나는 반면, 우리의 내적 묵상기도의 경험에서 우리에게 접근할 수 있다. 이 용어가 비록 불교에서 차용한 것이라 해도 그리스도교의 신비문학과도 상당한 관련이 있다. 드러나지 않은 영역이라는 것은 그리스도나 예수 혹은 다른 강력한 신적 중재자가 현존하여 기도를 통해 치유가 일어나는 영역이다. 드러나지 않는 영역을 경험함으로써 신적인 것들이 형상을 취한다. 이 영역은 특별히 상상력을 발휘하여 예수의 치유 이야기를 읽음으로써, 그리고 동방정교회의 예수기도(Jesus Prayer)를 이용함으로써 우리가 많이 탐구하게 될 영역이다.

인과적 영역에서 우리는 하나님과 더불어 있는 그대로 '거한다.' 그것은 형상이 없는 빛의 영역이다. 단테의 낙원에서의 경험은 드러나지 않은 영역을 통과하여 인과적 영역으로 움직이는 경로를 보여준다. 보다 높은 천국의 단계에서, 단테는 사도뿐만 아니라 빛나는 성자들도 본다. 이들은 신과 같은 형상을 가지고 있다. 베아트리체는 그로 하여금 하나님께로 직접 접근하도록 돕는 중재자이다. 하나님의 광채는 점점 더 강렬하게 빛나며 그에게 다가오는 빛으로 보여진다. 그 빛은 단체에게 너무나 밝다. 베아트리체는 하나님의 광채를 직접 바라본다. 그리고 단테는 그가 점차 그 광채에 익숙하게 될 정도로 성장할 때까지 그녀의 얼굴을 본다. 그리고 나서 그는 하나님의 광채를 직접 본다. 그리고 거기서 그는 '원초적 사랑으로 뚫고 들어가는' 그의 이야기를 멈춘다(단테 ≪신곡≫, 「천국편」, XXXII:

142, 1962, 338).

월버는 인과적 영역을 프뉴마(pneuma) 즉 순수 영혼으로 된 그리스도교의 세계라고 기술한다. 그것은 신비가 우리 앞에 펼쳐져 있는 세계로, 우리 자신 역시 그 세계로 과감히 들어가고 있다는 것을 발견하게 될 것이다. 그것은 형상을 초월한 신성이요, 찬란한 빛 혹은 신적인 어둠의 영역이다. 그것은 예수기도라는 보다 수준 높은 묵상기도 훈련을 통해 쉽게 인도되는 영역이다. 센터링기도(Centering Prayer)훈련은 ≪무지의 구름≫에 묘사된 것처럼, 우리로 하여금 이 '무성(無性, nothingness)'의 영역에 거하도록 그리고 하나님의 깊은 사랑의 영역에 적절하게 거하도록 돕기 위한 것이다. 이 영역은 또한 사람들이 죽음으로 향하여 움직일 때, 많은 사람들이 경험하는 것이 무엇인지 잘 묘사해 준다. 내 가르침의 경험 중 가장 감동적인 것 가운데 하나는 연만한 노인들의 모임에서 관상 속에 경험한 신적인 사랑에 대해 신비적으로 묘사한 어떤 부분을 읽고 있을 때 일어났다. 어떤 아주 늙은 여자가 기쁨에 차서 큰 소리로 모임의 사람들에게 '그녀가 죽었을 때' 경험했던 것을 묘사하며 이야기했다. 12세기의 한 묵상가도 그가 "신적 관상(divine contemplation)이라는 달콤함을 한 방울씩이 아니라, 가끔씩이 아니라, 아무도 없애지 못할 기쁨이 끊임없이 넘쳐흐르는 가운데 변하지 않는 평화 즉 하나님의 평화가운데서"(귀고 2세, 1978, 99) 즐기고 있을 때 경험했던 임상적 죽음의 경험을 묘사하고 있다.

그리스도교의 신비전통에서는 영혼 불러오기의 과정을 처음에는 정신적 충격을 주는 것이라고 이야기했다. 이 과정 동안에 조명과 정화(淨化)의 단계사이에서 왕래하는 일이 생긴다. 사실 이 초기의 단계는 종종 '정화(언더힐, 1961)'라 불린다. 인과적 영역에서 혹은 자아의 긴장상태를 단순히 이완시킴으로써 얻은 에너지나 통찰을 주입시키고자 할 때, 영혼이 유년시절의 신비적 마음으로부터 그 동안 억압되어 왔던 것들을 새삼스럽게 생각해 넘으로써 자연스럽게 응답하도록 해야 한다. 내면 깊숙한 곳에 있는 이런 괴물들은 스스로 우리의 감정뿐만 아니라 육체의 병까지도 치유할 수 있는 실마리를 가지고 있다.

우리는 우리 자신에 대해 갖고 있는 이성적－자아 이미지(rational-egoic image)와 우리를 동일시하지 않도록 하는 우리의 실존에 대한 질문을 허락함으로써 영혼 불러오기의 과정을 시작한다(아싸지올리, 1977, 22-24). 그 때문에 우리는 해방되어 우리 안에 있는 다른 소리 즉 꿈의 소리, 육체적 고통의 소리, 우리의 절망과 환희의 소리, 그리고 우리 삶의 궁극적 이유의 소리에 주의를 기울이기 시작한다. 우리 안에 알려지지 않은 부분으로 관심을 돌림으로써 우리는 우리 의식의 중심을 알려진 부분으로부터 새로운 중심으로, 우리 자신 안에 있는 모든 힘을 중재하는 새 지점으로 옮기기 시작한다. 융은 무의식으로부터 정보를 흡수하는 '인격의 중간점(mid-point of the personality)'에 대해 말했다. 이 중간점이 발달함에 따라, 사람의 의식의 중심은 자아로부터 새로운 중심점으로 옮겨간다. "이것은 새로운 평형점, 전체 인격의 새로운 중심, 그리고 그 의식과 무의식 사이에서 중심적인 위치를 차지함으로써 인격에 새롭고 보다 견고한 기반을 확보해주는 사실상의 중심이 될 것이다"(융, 1966, 7§365).

이 새로운 인격의 중심점은 바로 도표 상에서 묘사된 만들어지고 있는 영혼(the soul-in-formation)이다. 영혼 불러오기는 억압된 어둠과 알려지지 않은 빛이라는 내면의 영역을 포함한 우리의 전 존재의 모든 부분에 관심을 돌리는 능력을 확대함으로써 이루어진다. 그렇게 될 때, 논리적－자아 구조(the logic-egoic structure)는 내면의 영혼과 외부 세계와의 가교가 된다. 영혼은 시간과 공간에서 참고점(reference point)이 될 수 있는 그 중심을 필요로 한다. 그러나 사람의 중심은 더 이상 시간과 공간 혹은 감각세계의 우연성에 종속되지 않는다. 융의 언어로 표현하자면, 우리의 중심은 더 이상 단순하게 우리 자신에 대해 알고 있는 지식이 아니라 우리의 의식을 개인과 집단 무의식으로 들어가도록 가교역할을 하는 자기(the Self)가 된다.

도표 3

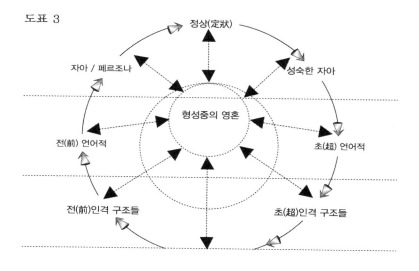

(윌버. 1980 인용)

월버. 1980 인용

　본 장에서 나는 영혼을 발견할 수 있게 하는 인간 경험의 구조를 제시해 보고자 했다. 나는 우리 자신이 가지고 있는 창조의 가능성을 중재적 존재, 감각적으로 지각되는 세계와 영원한 차원에 있는 빛 사이에서 다시 균형을 잡아주는 존재라는 점에서 드러내보고자 했다. 이제 우리는 희망을 가지고 세계라 불리는 '영혼을 만드는 골짜기'를 통해 전진하도록 우리를 도와줄 수 있는 그리스도교의 묵상훈련과 내적 치유 과정으로 관심을 돌리도록 하자.

제3장

그리스도교의 묵상과 영성발달

묵상의 일반적 원칙을 이해하는 것은 우리가 그리스도교의 묵상 방법에 따라 훈련할 때 도움이 된다. 이 장에서 나는 종교적으로 그리고 세속적으로 다양하게 표현된 묵상 과정에 대해 논의할 것이다. 그리고 나서 이 묵상훈련의 보다 커다란 맥락에서 그리스도교적 묵상을 자리매김할 것이다. 그리고 이런 작업을 통해서 그리스도교의 묵상과 기도와의 관계에 대해서도 이야기할 수 있을 것이다.

우리는 융이 기술한 것처럼, 자아-자기 축(ego-Self axis)[1]을 따른 이동에 대해 논의할 것이다. 거기에서 우리는 묵상 훈련을 통해 기대되는 내적 경험의 유형을 탐구할 것이다. 나는 내적 삶과 외적 삶이 상호 연관된다는 사실을 드러내기 위해, 자아-세계 축(ego-world axis)[2]을 살펴봄으로써 내적 실재에 대한 논의를 확대할 것이다. 마

---

1) 자아-자기 축은 인격의 중심에 이르는 길, 혹은 과정으로 생각하기를 바란다. 한 인간이 먼저 의식적으로 외부세계와 관련을 맺는 페르조나(persona 가면)를, 그 다음 단계로 그림자(shadow)를, 그 다음 단계로 남성의 경우에는 태고 원형인 아니마(anima), 여성인 경우에는 아니무스(animus)를 인격에 통합하면 인격의 중심인 자기(the self)에 이를 수 있다 : 역자 주
2) 인격의 중심인 자기(the self)에 도달한 자는 이제 세계를 향해 나갈 수 있는 바, 아빌라의 성 테레샤의 경우, 자아-세계 축의 완성은 관상적 사랑의 실

지막으로 나는 이러한 형식의 묵상을 내적, 개인적으로 훈련함으로써 기대할 수 있는 영적 성장의 단계에 대해 폭넓게 논의함으로써 결론을 맺을 것이다.

집중, 유념 그리고 양자를 병행하는 묵상훈련

세계의 종교에서, 그리고 보다 최근에 기분전환이나 스트레스를 푸는 방법으로서 묵상이라 불리웠던 유형을 조사한 바에 따르면, 묵상의 대상이 될 수 없는 것은 아무 것도 없다. 우리가 어떤 대상에 대해 정신적인 태도를 취할 때, 그와 유사한 심리학적 생리학적 과정이 우리에게 일어난다. 묵상의 대상은 가장 보편적으로는 하나님의 '존재성(isness)'에 대한 것으로부터 가장 구체적으로는 육체에 대한 것에 이르기까지 다양하다.

일반적으로 묵상은 대상에 대한 묵상 또는 묵상하는 사람의 내적 과정에 대한 묵상이라고 기술될 수 있다. 대상에 대한 묵상을 집중묵상(concentration meditation)이라고 하고, 묵상하는 사람의 내적 과정에 대한 묵상을 유념묵상(mindfulness meditation)이라 한다. 세 번째 범주는 집중과 유념훈련이라는 두 가지 원칙을 병행하는 혼합방식을 취한다. ≪묵상의 정신(The Meditative Mind)≫이라는 저서에서 다니엘 골먼(Daniel Goleman)은 이와 같이 구별한다. 그는 이 책에서 그러한 구별에 대해 훌륭한 근거를 제시하며 충분하게 논의하고 있다.

유념묵상 혹은 묵상하는 사람의 내적 과정에 대한 묵상은 흘러

천에 있었다. 온전함(wholeness), 곧 자아-자기 축의 완성은 자아-세계 축으로 나타나며 그 열매와 목표는 관상적 사랑이다 : 역자 주

가는 순간에 단순히 현존(現存)하는 것과 관계된 젠 묵상(Zen meditation)의 유형으로 묘사된다. 다른 불교 종파에서는 유념묵상이 비파샤나(Vipasyana, 觀) 즉, 통찰묵상(insight meditation)으로 알려져 있는데, 이것은 죠셉 골드스타인(Joesph Goldstein)의 ≪통찰의 경험(The Experience of Insight)≫에 잘 기술되어 있다. 우리는 유념묵상을 카메라의 광각렌즈를 통해 사람의 내적 경험으로 접근해 가는 것이라 간단히 말할 수 있다. 그러한 묵상훈련의 목적은 우리의 사유습관과 감정의 습관적 반응양식을 배우는 데 있다. 이 묵상에서 전제하는 것은, 우리 자신이 고통받는 대부분의 이유가 내적 과정에 대해 우리가 알지 못하기 때문에 생겨난다는 것이다. 예를 들어, 우리는 다른 사람의 행동에 나타나는 매우 단순한 경솔함에도 격분한다. 그러한 격분으로 인해 우리는 불행하게 되고, 만일 이것이 표출된다면 우리 주변의 다른 사람들에게도 불행을 가져다 줄 수 있다. 우리로 하여금 그렇게 반응하도록 하는 것은 무엇인가? 유념묵상 원리를 통해 우리가 어떤 식으로 행동하는지를 깨닫게 될 때, 우리는 우리의 행동을 변화시킬 수 있고, 그렇게 함으로써 더 이상 우리 자신이 의식하지 못했던 내적 이유로 인해 희생되는 것을 막을 수 있다.

집중묵상은 카메라의 망원렌즈에 비유될 수 있다. 집중훈련을 통해 우리는 우리 마음의 독특한 상태를 살펴 볼 수 있다. 예를 들면, 우리가 육체에 초점을 맞춘다면, 촛불의 불꽃에 초점을 맞출 때 얻은 경험과 매우 다른 내적 경험을 할 것이다. 양자는 힌두 전통에서 사용하는 훈련 방법이다. 티벳 불교에는 다양한 감정적 문제를 위해 특별한 집중훈련을 무제한적으로 하는 관행이 있다. 묵상하는 사람이 겪는 장애에서 비롯된다고 볼 수 있는 다른 색깔, 모양, 소리 그리고 신비적 인물에 대해 묵상하는 방법도 있다.

순수한 집중묵상 속에서, 우리는 현재로부터 벗어나 영원으로 들어가게 된다. 영혼의 영역에서 우리가 논의해왔던 범주들을 이용한다면, 우리는 집중묵상을 통해 우리에게 드러나지 않은 인과적인 영역으로 이동할 수 있다. 심지어 자연을 묵상할지라도 순수한 집중상태로 들어가면, 우리는 점차 그 대상이 솟아 나온 영원의 근거로 점차 빨려 들어간다. 순수한 집중묵상에 대해 비판할 만한 것이 있다면, 이 방법을 통해 우리는 영혼의 특별한 지점으로 가는 법을 배울 수는 있지만, 그 경험을 내부로부터 전해지는 다른 메시지들과 통합하는 일은 소홀히 할 수 있다는 것이다. 사실 우리는 어떤 부분들을 무시하는 법을 배우기도 한다. 많은 사람들의 공통적인 일상생활로부터 뽑아낸 다음의 예는 이러한 위험성을 보여주다.

앤(Anne)은 16년 동안 기술적으로 복잡한 환경에서 일했다. 법적으로 허용된 최대치에 가까운 소음과 제한된 조명 속에서도 그녀는 육체적 피로라는 부정적 요소를 잊기 위해 생산과정에 몰두하도록 자신을 훈련시켰다는 사실을 깨닫는다. 그녀는 이제, 환경으로 인한 육체적인 피로를 몇 년 동안이나 무시했기 때문에 심각한 건강상의 문제가 생겼다는 것을 깨닫는다. 또 우리가 어떤 목표를 세웠을 때, 그것을 달성하기 위하여 어느 정도의 집중이 필요하다는 사실을 유념할 필요도 있다. 그것은 우리의 내적 생활의 매우 주요한 국면이다. 이러한 이유로 유념묵상은, 예를 들자면, 호흡을 세는 것과 같이 집중묵상을 배우는 것에서 시작된다.

흥미로운 것은 그리스도교의 묵상훈련이 기본적으로 집중훈련이라는 점이다. 이것을 통해 우리는 특히, 내적 치유자이신 그리스도께 받아들여지도록 혹은 '원초적 사랑'이신 하나님을 사모하도록 우리의 자아−정신(ego-mind)을 개방하는 작업을 한다. 이 방법으로 우리는 매일의 일상과 새로운 관계를 맺도록 해 주는 영원과 새로운 관계를 맺을 수 있다.

그리스도교 전통에서 주요한 신비주의 저자들은 외적인 삶 속에 내적인 묵상 경험을 정초(定礎)시키는 일이 필요하다고 항상 말해왔다. 그들은 외적 생활과 내적 묵상 사이에 필수적인 평형을 유지하며, 집중묵상훈련을 하고 있다. 아빌라의 성 테레사는, 영혼의 내부의 성안에서 우리가 가는 곳마다, 우리가 탐구하는 방마다, 우리는 결코 자기−지식이라는 집을 떠나지 말아야 한다고 기록하며 이러한 필요성을 명백히 역설했다. 나는 이 문장이 우리가 유념의 마음을 계발하고 있어야 한다는 것을 의미한다고 생각한다. 우리는 우리의 내부 경험 안에서 상호관계를 찾고 있어야만 한다. 우리는 항상 우리 자신의 의식을 확장시키는 것이 무엇인지 찾고 있어야 한다. 테레사에게 그 이유는 간단하다. 우리가 우리 자신을 더 잘 알수록 우리는 연민을 더 잘 표현하게 될 것이기 때문이다.

≪하나님께로 향하는 영혼의 여정(The Soul's Journey into God)≫(커즌스, 1978)에서 성 보나벤투라는 그의 영성훈련을 개인에게 부여된 자연적 기능에 대한 정밀한 탐구로 시작한다. 누군가가 그리스도를 묵상하고자 한다면, 그전에 그는 이미 자연적 우주, 감각과 이성과 상상력과 감정을 지닌 하나의 피조물로서 그 자신의 능력을 관상해야 한다. 보나벤투라는 하나님의 황홀경 안에서 거주하는 관상

적 해방상태로 들어가기 전에, 유념의 과정, 자기-관찰의 과정에 대해 이야기한다. 유사한 결과를 가지긴 했지만 어느 정도 다른 관점에서 볼 때, 단테의 연옥은 낙원으로 들어가기에 앞서 꼭 필요하다. 연옥에서 사람은 자신의 도덕적인 삶, 가장 깊이 숨어 있는 자신의 행동 동기들과 씨름한다. 사람은 '일곱 개의 치명적인 죄' 즉 질투, 교만, 욕망, 색욕, 태만, 탐욕, 그리고 미움이라는 태도를 탐구한다. 그러한 종류의 탐구를 하려면, 우리는 생각과 감정에 대한 우리의 내적 습관들을 주의깊게 관찰해야만 한다.

나의 요점은 그리스도교 묵상훈련에는 위험성이 있다는 것이다. 이 위험은 특히 예수기도와 관련된다. 그것을 통해 우리는, 실제적이고 일상적인 시야(視野)를 잃은 채, 인생의 영원한 국면으로 인도된다. 우리는 이러한 훈련방법을 개발한 수도자들이 육체노동을 일상적으로 반복되는 삶의 부분으로 받아들였다는 점을 이해해야 한다. 개인들은 인격의 완전한 통합이라는 목적을 잃지 않도록 하기 위해, 그리고 거룩함(holiness)이 온전함(wholeness)이라는 것을 잊지 않도록 하기 위해 영적 안내를 받아야만 했다.

우리가 이 훈련을 하는 동안에 두 방식을 혼합하여 사용한다면 우리는 안전하게 보호받을 수 있다. 나는 그대들을 인도하면서 이 방식을 사용할 것이다. 본질적으로 우리는 집중묵상이라는 형식을 통해 작업을 하겠지만, 감정, 기억, 육체적 감각 그리고 도덕적 차원에서의 내적 행동 동기도 늘 염두에 두고 있어야 할 것이다. 나는 또한 보나벤투라가 기술한 방식 즉 인간의 자연능력을 관찰하는 기본 훈련을 통해 그대들을 인도할 것이다.

마지막으로, 어떤 종류의 묵상 즉 그리스도교 묵상을 포함한 모든 묵상이 때때로 우리에게 고통을 주는 현재의 이미지나 과거의 기억을 떠오르게 할 수 있다는 점을 주의해야 한다. 때때로 우리는 사적으로 기도하는 작은 공간에서 나와 다른 것의 안내를 받을 필요가 있을 것이다. 때때로 일기를 쓰거나 그림을 그리거나 아니면 다른 형태의 표현을 통해 이 어려운 문제를 충분히 다룰 수 있다. 그것들을 입으로 말해야 할 필요가 있을 때도 있다. 때때로 우리는 다른 사람에게 우리의 모든 이야기를 말함으로써 우리 스스로 그 내용을 들을 때까지 무의식적인 이야기에 잡혀 있기도 한다. 8장에서 우리는 일기 쓰기와 영적 상담의 형식으로 그리고 우리의 내적 과정에서 도와줄 수 있는 방법으로 집단 영성훈련을 위한 지침을 줄 수 있는 모델을 논의할 것이다.

묵상과 기도

우리는 내면의 여행을 할 때, 다른 사람들에 대한 관심을 지속적으로 유지시킴으로써 균형을 잃지 않을 수 있다. 그대도 알아차리겠지만, 우리는 본질적으로 이성적인 피조물이라는 것이 나의 논지이다. 내적으로 우리를 괴롭히는 문제를 만나 내적 치유를 필요로 할 때, 우리가 그 문제를 깊이 바라볼 때, 우리는 그것이 관계의 문제라는 것을 발견할 것이다. 묵상하는 삶은 기도하는 삶과 그리 멀리 떨어져 있지 않다. 우리는 이 두 가지를 마리아와 마르다에 비유될 수 있는 우리의 관심사라고 간주할 수 있을 것이다. 마리아는 기도할 때 다른 사람들에 대한 관심을 하나님께 가져간다. 고요 속에서 그녀는 감수성(silent respectivity)을 발휘하여 하나님의 본질을 묵상하는 법을 배운다. 종종 사람들이 그리스도교의 묵상을 시작할 때, 그들은 기도생활 안에 감수성 있는 묵상훈련을 통합시키는 방법에 대해서 질문했다.

≪그대는 나에게 속해 있지 않은가?(Don't You Belong to Me?)≫라는 제목의 책에서, 저자는 기도와 묵상에서 일어나는 이 과정을 표현하기 위해 매우 유용한 용어를 사용하고 있다. 이 책은 캘리포니아 나파 골짜기(Napa Valley)에 있는 트라피스트(Trappist) 수도회 소속인 '뉴 클레보(New Clairvaux, 1979)의 한 수도승'에 의해 무명으로 저술되었다. 저자는 '적극적인 기도(Active Prayer)와 소극적인 정돈기도(dispositional prayer)'에 대해서 말한다. 적극적인 기도는 우리의 일상적 기도를 이해하기 위해 사용된 용어로 중보, 탄원 그리고 고백의 기도를 가리킨다. 그리고 마르다의 기도 즉, 하나님께 바쳐진 자신과 다른 사람들에 대한 관심도 있다. 적극적인 기도에서 우리는 언어를 사용하여 우리의 관심을 하나님께 드린다. 이것은 우리 쪽의 활동이다. 정돈기도란 저자가 그리스도교의 묵상 형식을 표현하기 위해 사용한 용어이다. 정돈기도에서 묵상은 우리의 정신과 마음을 고요하게 하는 도구가 되며 우리로 하여금 하나님의 음성을 듣고 싶어하도록 한다. 이 기도에서 활동하시는 분은 하나님이시며 단순히 우리는 감수성을 발휘하여 들으려고 노력할 뿐이다.

내 경험에 의하면, 우리가 의미 있는 묵상기도를 경험할 때, 이 두 가지 형식의 기도가 번갈아 가며 사용된다. 만일 우리가 적극적인 기도를 드리는 데 익숙해져 있다면, 우리는 하나님께 소리내어 기도함으로써 묵상기도를 시작할 필요가 있을지도 모른다. 오직 우리의 관심사를 표현한 후라야 우리는 우리의 마음을 고요하게 가라 앉힐 수 있을 것이다. 우리가 묵상할 때, 우리의 관심사가 하나씩 마음에 떠오를지라도, 우리는 정돈기도의 형식으로 묵상을 시작할 수도 있다. 기도 내용과 관심사를 말로 표현함으로써 우리는 보다 적극적인 기도를 해야만 한다. 이 관심사를 진술한 후에 우리는 수용적인 형식으로 되돌아간다. 우리는 다차원적인 존재들이다. 우리는 모두 활동적이고 감수성이 뛰어나다. 우리는 묵상기도 생활을 통해 부상하는 두 종류의 차원을 발견할 것이다. 그리고 우리는 이 두 차원을 보다 쉽게 다루는 법을 배울 것이다.

적절하게 훈련된 그리스도교의 묵상은 정돈기도라 불릴 수 있다. 기도는 하나님과 우리의 관계를 계발하는 것이고, 의식적으로 그 관계로 들어가려고 준비해 놓은 시간이다. 그리스도교의 묵상이라는 것도 신적인 근원을 기억하기 위해 사용될 수 있는 많은 방법 가운데 하나이다. 그리고 그것은 침묵 속에서 수용적인 자세로 하나님께로 관심을 돌리는 기도 형식이다.

우리의 과제는 하나님에 의해 우리의 전 존재가 희망으로 가득하도록, 그리고 우리의 육체와 정신과 마음이 하나님 자신이 되도록 변화시키는 것이다.3)

그러나 만일 우리가 우리의 관심사에만 몰두해 하나님께로 향하는 통로가 막혀있다면, 그러한 변화(transform)의 가능성은 줄어든

---

3) 여기에서 오해가 없기를 바란다. 우리 자신을 하나님 자신으로 변화시킨다는 말은 우리 자신이 곧 하나님이라는 뜻보다, 우리 자신과 하나님이 온전히 연합되는 것을 의미한다. 마치 아빌라의 성 테레사가 영혼의 성 제7궁방에서 하나님과 온전히 연합되듯이 테레사는 그 연합을 결혼으로 비유했다 : 역자 주

다. 반면 우리가 만일 하나님께 귀기울이고 그분의 음성을 듣는 법을 배운다면 그 변화의 가능성은 늘어난다. 이러한 이유로, 아빌라의 성 테레사는 개인들이 겪는 가장 심오한 변화 경험은 깊은 관상적 침묵 속에서 일어난다고 기술했다. 관상적 침묵 속에서 우리는 우리의 의지가 하나님의 의지와 하나가 되고, 우리의 마음은 신적인 희망으로 고쳐지며, 관상적 사랑을 통해 우리의 죄의 뿌리가 근절된다.

자아 – 자기 축(ego–self axis)의 여정과 자아 – 세계 축 (ego–world axis)의 여정

어떤 식으로든 묵상훈련을 시작할 때, 우리는 몇몇 역동적인 요소가 작용하고 있다는 점을 발견할 것이다. 우리는 앞장의 도표로 돌아가 내적 작업을 하기 위한 근거가 되는 이 잠재력에 대해 이해하여 보도록 하자.

윌버의 모델에서 나는 '세계'와 우리의 모든 외적 관계는 도표의 맨 위에 있다는 점을 명백히 하고 싶다. 우리는 자아(ego)를 외부 세계와 연결시킬 필요가 있다. 외부 세계와 관계를 맺는 인간의 기능은 감각(senses)이다. 이렇게 수정 보완된 것이 도표 4이다. 세계를 인식하는 이와 같은 방법을 통해 우리는 외부 세계에 대한 관심사를 내부 세계로 가져간다. 그리고 우리 안에 있는 깊은 차원과 관계를 맺음으로 우리는 스스로를 원형(archetypes)이 지금 세대에게 말하도록 하는 수단이 되게 한다. 나는 때때로 인간이 우리 세계 안에 있는 하나님의 마음이라고 생각했었다. 만일 우리가 우리 자신이 중재적 존재라고 심각하게 생각한다면, 최소한 지상에서 인류는 '존재하는 모든 것'과 독특한 관계를 맺고 있는 중재하는 힘이라 할 수 있다. 그렇다면 우리의 임무는 여기서 무슨 일이 일어나고 있는지 그리고 우리의 기도와 마음의 '말할 수 없는 신음'을 통해 무슨 일이 일어나고 있는지를 깨달아 하나님께서 그것이 무엇인지 아시도록 하는 것이다. 우리가 우리의 기관을 통해 존재의 모든 차원과 관계를 맺고자 할 때, 우리는 우리 자신의 의식 속에서 중요한 통합의 역할을 한다. 그러한 관점에서 본다면, 이성적 기능에만 제한되었던 자아가 그 역할로부터 해방되어 영혼의 참된 창문, 내적 깊이로 들어가는 창문 그리고 우리의 모든 관계를 폭넓게 해주는 창문이 된다.

도표 4

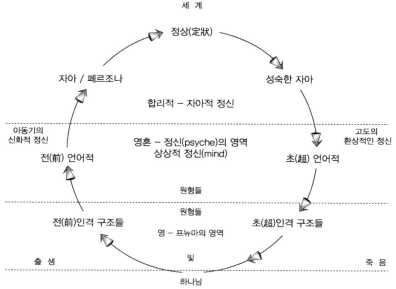

켄 윌버, The Atman Project, 1980

자아－자기 축은 이 과정의 내적 차원과 관련된다. 내면 세계를 통해 하나님을 향해 여행할 때, 우리는 상상력의 세계, 이야기의 세계, 심리학적 콤플렉스의 세계, 꿈의 세계 그리고 내면화된 긴장의 세계뿐만 아니라, 이성적 사유의 세계를 만난다. 우리는 하나님의 궁휼이나 찬란한 광채에 대해 무형적(無形的) 관상(formless contemplation)으로써 하나님을 순수하게 지각할 수 있고, 그렇게 함으로써 인과세계에서 갖는 경험의 성격을 기술할 수도 있다. 내면적으로 이 정도의 깊이에 이르도록 해주고 그리고 다시 외부로 향해 세계와의 관계 속에 있는 우리의 자아에 이르도록 해 주는 법을 가르쳐 주는 것이 자아-자기 축이다. 우리가 살고있는 세계는 지금 우리를 세계 밖으로 끌어내는 것이 아니라, 우리가 세계 속에서 희망을 가진 사람으로 존재하도록 힘을 부여하는 영성을 필요로 하고 있다. 우리는 내적 묵상 훈련을 통해 자아와 자기 사이를 왕래하는 여행을 할 수 있다. 그러한 여행을 가능케 하는 능력을 우리는 영혼을 불러오는 과정, 즉 우리의 깊은 곳과 우리 내면의 상징적 언어를 배우는 과정으로 불러왔다.

그러나 만일 우리의 기도생활이 참으로 꽃피게 하려면, 어쨌든 우리는 자아－자기 축뿐만 아니라 자아－세계 축에 대해서도 언급해야만 한다. 우리는 또한 우리의 정신과 마음을 우리의 세계 안에서 벌어지고 있는 일상적 삶을 위한 투쟁으로 투사할 수 있을까? 우리는 그것을 세계의 생태학적 피해와 연결시킬 수 있을까? 우리는 집이 없는 상태를 견뎌낼 수 있을까? 예수의 제자들은 자기(the self)의 내면적 영역에서뿐만 아니라 세상 속에서도 이러한 것을 알도록 마음을 계발해야만 했다.

여기서 펼치고 있는 영혼의 지도(地圖)를 완성하기 위해서 우리는 세계라는 개념이 얼마나 복잡한지를 탐구해야만 한다. 이를 위해 베이커 브라우넬(Baker Brownell)이 사회를 어떻게 이해했는지를 살펴볼 필요가 있다. 그에 의하면, 사회에는 여러 차원이 있다. 즉 우리가 살고 있는 세계에서 건전한 방식으로 기능하고자 한다면 사회의 여러 차원과 개별적인 관계를 맺어야 한다. 우리는 이와 같은 관계를 맺기 위해 어느 정도의 관심을 기울여야 한다.

계통발생적 공동체(the phyletic community)는 우리가 태어난 가문(家門)을 말한다. 우리의 종(種)은 호모 사피엔스(homo sapiens)이며, 우리의 문(門, phylum)은 우리가 태어난 특별한 생물학적 문화적 가족이다. 우리와 우리에 의해 태어날 미래의 후손들은 그 가족에 의해 상속되어 온 유산과 관계하고 있다. 이 공동체와의 관계에 있어서 희망의 문제는 다른 어느 공동체에 있어서 보다도 중요하다.

우리는 우리 안에 여전히 울려 퍼지고 있는 조상들의 외침을 듣는가? 우리는 우리 시대를 책임을 지고, 땅을 영화롭게 하고, 지구를 고갈시키기보다는 다시 회복되게 내버려두라고 외치는 태어나지 않은 미래 세대의 음성을 듣는가? 우리의 조상과 자손과의 관계는 계통 발생적 공동체의 관심사이다. 이 관심사는 묵상을 통해 때때로 의식의 표면으로 떠오를 문제, 치유와 용서와 화해를 부르짖는 문제와 같은, 우리가 어린 시절부터 해왔지만 아직 끝내지 못한 일을 통해 내면 세계에 반영된다.

자연적인 공동체는 또 다른 차원의 공동체이다. 우리는 자연환경, 모든 생명이 있는 피조물들, 공기, 바람, 삼림, 생명의 대지와 얼마나 관계를 잘 맺고 있는가? 오늘날 우리는 이 질문을 던져야만 한다. 이러한 관심사는 우리가 우리 신체와 관계할 때, 그리고 우리의 자연적 능력을 평가하고 존중하는 문제와 관계할 때 우리의 내면세계에 반영된다. 매튜 폭스(Matthew Fox)는 창조 영성(creation spirituality)에 대한 그의 폭넓은 관심을 다루고 있는 저서에서 그리스도인들로 하여금 자연적인 존재로서의 우리와 맺는 관계를 다시 한번 생각하도록 이끌었다. ≪무지의 구름≫에서 울려 퍼지는 '관상적 사랑(contemplative love)'을 훈련함으로써 우리는 우리의 내적 욕구와 육체적 삶이 깊이 화해하게 된다는 점을 발견할 것이다. 우리는 우리의 육체를 존중하고 감각을 제대로 평가함으로써 자연을 존중하게 된다.

우리가 온전함을 이루기 위해 관계를 맺을 필요가 있는 세 번째 유형의 공동체는 신비 공동체이다. 외부 세계에서 이것은 교회 혹은 영성을 열망하는 사람들이 만든 다른 집단을 가리킨다. 또 이것은 우리에게 영감을 주기를 원하여 찾아다니는 산 자의 개인적인 육체이다.

우리에게 영감을 주는 것은 '성자(聖者)들과의 영적 교제'이다. 외부 세계에서 그들은 우리의 멘토요 선생이요 영웅이 될 수도 있다. 우리의 내면 세계에서 그들은 영혼을 인도하는 내면의 집단이 될 수도 있고 그리스도의 신비한 현존이 될 수도 있다. 단테의 ≪신곡≫에 보면 낙원에 있는 성자들과 사도들의 집단은 다양한 영역을 통과하며 그를 인도할 뿐만 아니라 이 기능도 수행한다. 우리의 꿈속에 나타나는 형상들 역시 이 기능을 수행할 수 있다. 우리는 외부와 내면 세계에 있는 우리 자신을 초월하는 원천이 우리 자신에게 영감을 주고 인도하도록 하고 있는가?

마지막으로 이웃이라는 공동체와 정치·지리적인 공동체라는 확장된 집단들이 있다. 이 공동체를 통해 우리는 도시, 도, 국가, 지구의 반구(半球)와 세계적 사회 정치 공동체로 인도된다. 우리는 이러한 각각의 공동체로 부분적으로나마 우리의 관심을 돌린다. 왜냐하면 우리는 이 각각의 공동체의 구성원이기 때문이다. 이 각각의 사회는 우리의 기도와 행동을 필요로 한다. 이 각각의 공동체가 하나님으로부터 받은 영감을 실행하기 위한 장(場)이 된다. 이들의 각각세계는 희망을 가지고 완성되기를 바라며 신음하고 있다.

도표 5는 자아─자기 축과 자아─세계 축 양자의 역학관계를 묘사하고 있다. 이 도표는 우리가 기도하게 될 내적 외적 관계의 모든 영역을 묘사하려고 한다. 그림의 아래쪽 반은 의식에 대한 윌버의 모델을 요약한 것이다. 왼쪽 부분은 자의식(ego-consciousness)으로 발전해 가는 과정에서 우리가 만나는 문제의 영역을 드러내고 있다. 오른쪽 아랫부분은 우리가 영적으로 원숙하게 성장하는 과정에서 우리에게 일어날 수 있는 문제와 주제의 유형을 상징한다. 우리가 내면적 묵상작업을 할 때, 우리는 이 영역이 서로 우리의 내적 치유의 한 부분으로서 상호작용하고 있다는 것을 발견할 것이다.
도표의 윗 쪽 반은 브라우넬의 사회범주를 윌버의 내적 발달의 모델과 서로 연결시킨 것이다. 예를 들어, 환경과 생태학적 관심의 관계는 우리의 육체에 대한 우리의 내면적 관계와 연결된다. 계통 발생적 사회와의 외형적 관계는 우리가 어린 시절 가족 속에서 겪었던 경험에 대한 우리 자신의 내면적 관계와 연결된다. 우리가 외

부로 표현하는 정치적 권력의 정도는 사회와 사회생활에 대해 우리
자신이 가지고 있는 내적 신화들과 관계한다.

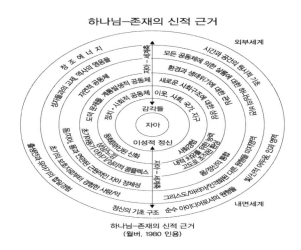

도표 5

켄 윌버, The Atman Project, 1980

이 상호관계가 드러내는 핵심은 우리의 내면 세계와 외부 세계가
상호 침투하여 연관되어 있다는 것이다. 우리가 스스로 내적 치유를
할 때, 우리는 우리의 외부 세계와의 관계를 고치고 있는 것이다.
외부 세계의 고통을 다룰 때, 우리는 또한 우리의 내면의 고통에도
마음을 써야 한다. 우리의 내면 세계나 외부 세계의 가장 깊은 구조
물에 접근할 때, 우리는 하나님이 희망찬 미래를 보여주시며 활동하
고 계신다는 것을 발견한다.

우리는 이와 같이 자아-자기 축으로부터 자아-세계 축으로 관

심을 확대함으로써 영혼 불러오기에 대한 우리의 정의를 넓혔다. 이 상호침투, 연관된 관계 속에서 우리는 영혼을 만드는 세계가 형성되고, 이 세계 속에서 우리는 우리 자신을 발견하게 된다. 이 영역 가운데 어떤 부분으로부터도 삶을 사로잡는 질문이 제기될 수 있다. 그렇게 된다면 우리의 마음으로부터 떠나간 하나님의 샬롬은 매순간 세계를 유지시키는 창조적 에너지를 가진 신적 샬롬과 연결된다.

형성 단계에 있는 영혼은 단순하게 내면의 과정에 있다가 이제 외부 세계를 포괄하는 과정으로 옮겨졌다. 그렇게 함으로써 우리는 모든 피조물들과 맺고 있는 관계에 관심을 가져야 하는 인간 존재의 고귀한 존엄성을 회복하기 시작한다.

모든 관계에 대한 묵상과 기도

우리는 우리가 맺고 있는 모든 관계에 대해 기도하고 묵상해야 한다. 그 어떤 것도 제외되어서는 아니 된다. 우리의 고통은 이러한 관계 속의 갈등에서 비롯되기 때문에, 우리는 모든 관계를 다루어야 한다. 유대-그리스도교의 신관(神觀)에 따르면, 하나님은 모든 피조물에게 어느 정도의 자유를 주셨다. 이러한 신학적 명제는 이제 양자 물리학에서 그 근거를 발견한다. 관찰할 수 있는 물질의 가장 작은 입자의 운동도 확실히 예측 불가능하다. 어떤 피조물에게도 본래부터 타고난 어느 정도의 자유는 있다(카프라, 1975).

우리는 항상 우리를 위해 다른 것들을 희생시키기 때문에 고통이 생긴다. 우리의 아주 어린 시절의 경험으로부터 내면화한 고통에서, 우리 가족의 분쟁에서 기인한 적대감을 순간적으로 드러내는 위기의 상황에서, 나라 사이에서 혹은 계급 사이에서 야기된 고통에서 아니면 인간이 지구의 생태체계에 끼친 상해(傷害)에서 우리는 관계가 남용되었다는 사실을 발견한다. 우리는 이제 우리가 다른 피조물들에게 끼쳐온 폐해에 대해 용서받아야 한다. 샬롬, 헤시케이즘, 우리 내면의 평화는 관계사이의 평화를 다루지 않고서는 불가능하다.

우리는 우주적 평화를 약속하는 신적인 희망을 가질 수 있다. 궁극적인 문제가 되는 평화가 실현되리라는 약속을 믿으며 우리는 투쟁한다. 그것이 그리스도가 약속한 평화이다. 모든 차원에서 그러한 평화를 만드는 것이 세계를 구원하는 일이다.

이 과정에 대한 경험은 미국 토착민들의 땀빼는 오두막 의례(sweat lodge ritual)에서 시각적으로 가장 잘 묘사된다. 이 땀빼는 오두막은 정화와 기도를 위한 의례 장소이다. 사람들은 자신이 하고 있는 투쟁과 당하는 고통을 이 땀빼는 오두막으로 가져온다. 그리고 나서 그들은 다시 희망과 안내를 기다린다. 이 땀빼는 오두막은 그 입구가 낮아 각각의 탄원자들은 무릎으로 기어서 들어가야 한다. 이런 겸손의 행동, 그리고 자기 자신을 위대한 영혼에게 바치는 행동을 하면서 사람들은 '모든 나의 관계들'이라는 말을 한다. 땀빼는 오두막 안으로, 이 기도의 장소로 모든 관계의 문제를 가져감으로써 사람들은 그것을 치유하고자 한다. 거기에는 대지, 가족, 사회 그리고 모든 사람의 내적 고통이 포함된다. 우리의 기도와 묵상은 우리가 모든 관계를 치유하시는 하나님의 능력으로 가져갈 때 가장 의미심장하게 된다.

그리스도인의 기도는 그리스도의 십자가 처형이라는 핵심적인 사건에 관심을 돌리게 함으로써, 관계에서 생겨나는 고통으로부터 우리를 축복하는 묵상의 경향과는 늘 대조되어 왔다. 그리스도는 죽으셨고 고통 받으셨다. 우리의 고통과 하나님의 고통은 서로 얽혀 연관되어 있다. 예수는 지속적으로 우리 가운데 거하는 '가장 작은 자'에게로 우리의 관심을 돌리라고 요구하셨다. 우리의 눈을 가린다면, 우리는 희망찬 하나님의 행동과 그 행동 속에서 우리가 차지하는 지위를 구별할 수 없다.

요약하면, 우리가 그리스도인으로서 묵상과 기도를 할 때, 우리는 우리의 내적 과정, 생각, 감정, 육체적 감각, 그리고 상상적인 꿈 사이의 상호관계에 대해 유념해야할 뿐만 아니라, 우리가 살아가는 외부 세계에 있는 여러 차원의 사회와의 상호관계도 유념해야 한다. 기도하고 묵상할 때, 우리는 이 모든 관심사를 불러온다. 우리는 우리의 관심사, 상처, 고통에 대해 하나님께 적극적으로 이야기한다. 그리고 세계를 갱신하라고 요구하며 우리를 부르시고 있는 하나님의 희망과 창조적 영감에 귀기울이는 법을 배운다.

영적 발달의 단계들

영혼 불러오기와 우리의 관심을 확대하여 살펴 본 영역에 대한 지금까지의 논의를 통해 우리는 발달이라는 고유한 역동성을 살펴볼 수 있다. 융은 우리 자신과 세계에 알려져 있지 않은 부분과 점점 더 협력하여 우리의 의식으로 가져오는 것에 대해 말했다. 우리는 우리가 누구인가에 대한 개념을 자아 자기-개념(ego self-concept)으로부터 '중재적 존재(intermediate being)'라는 개념과 존재하는 모든 것과 관계할 수 있는 능력을 지닌 계발된 영혼이라는 개념으로 확대했다. 월버의 모델은 그 자체로 심리학적 영적 발달단계이론이다. ≪신곡≫에는 단테가 이해한 영적 발달단계가 묘사되어 있고 황홀한 낙원으로 들어가기 전에 지하의 어둠 속으로 내려가는 것과 연옥에서의 도덕적 정화를 상정한다.

이러한 발달 모델은 너무나 많기 때문에 오늘날의 사람들이 그 모든 모델을 살펴보기란 불가능하다. 따라서 나는 이 부분에서 그리스도교의 묵상과 내적 치유라는 영역으로 들어온 사람들을 위해 역사적으로 제시되었던 몇몇 가능한 이정표를 살며시 살펴보고자 할 뿐이다. 이러한 목적을 위해서 나는 에블린 언더힐(Evelyn Underhill)이 저술한 ≪신비주의(Mysticism, 1961)≫라는 책의 2부 '신비적 길(The Mystic Way)'에 기술된 발달단계들에 대해 이야기할 것이다. 비록 1911년에 쓰여졌다 해도, 이 책은 놀라우리 만큼 신선하게 영적 발달에 대한 고전적인 서구 모델을 제공하고 있다.

언더힐은 역사 속에서 그리스도교 묵상가들의 상상력을 크게 사로잡았던 영적 발달모델에 대해 면밀히 검토한다. 이 모델은 주후 3세기의 인물이었던 그리스의 철학자 플로티누스(plotinus)에게 근거하고 있다. 플로티누스의 세 단계는 정화, 조명, 그리고 하나님과의 일치이다. 언더힐은 이 모델을, 자기의 각성, 자기의 정화, 자기의 조명, 영혼의 어두운 밤, 그리고 일치된 삶(the unitive life)이라는 단계로 확장시킨다. 매튜 폭스(Mattew Fox)는 이 모델이 그리스도교의 죄 – 구속이라는 전통적 도식을 지나치게 강조하고 있다고 본질적인 비판을 가한다. 그러나 나는 언더힐의 모델이 심리학적인 정확성과 보편적 적용 가능성이라는 고리를 포함하고 있다는 것을 발견했다.

나는 논의를 진행시켜 나감에 있어서, 매튜 폭스의 비판을 받아들여 가능한 교정책을 제시할 것이다.

이러한 영적 발달과정은 발달된 자아를 가지고 충분히 세계에 대해 상관관계를 맺는 방법을 알지만 지금 살고 있는 것보다 '더한 어떤 것이 인생에 있다'는 것을 깨닫게 된 성숙된 어른을 전제로 하고 있다. 언더힐은 이 '더한'의 경험을 자아의 각성이라고 기술한다. 이것을 내가 발전시키고 있는 용어로 표현한다면 영혼의 각성이라 부를 수 있을 것이다. 그것은 하나님과 함께 산다는 신앙의 약속에 심오한 진리가 있다는 것을 깨닫는 것이다.

종종 회심 즉, 하나님의 현존을 새롭게 경험함으로써 그러한 각성이 일어난다. 각성은 몇 년에 걸쳐 점차로 진행될 수도 있고, 순식간에 일어날 수도 있다. 나는 '회심'이라는 긍정적인 표현에 꿈의 공포, 닫혀진 문이라는 절망, 또는 임무완수에서 오는 따분함으로 우리에게 다가올 수 있는 각성의 보다 어두운 차원을 덧붙일 것이다.

영혼의 부름은 우리를 만족한 상태에 안주하지 않게 하는 실현하지 못한 가능성으로부터 생길 수 있다. 자기의 각성은 종종 20대 후반으로부터 50대에 이르기까지, 우리의 자아 구조가 약해지고 우리가 우리 안팎에 있는 커다란 잠재력을 깨닫고, 그리고 현재의 삶의 협소함에 대해 슬퍼할 때면 언제든지 올 수 있는 중년기의 위기로 나타난다.

이 각성은 우리가 내면의 깊이와 하나님의 영감을 새롭게 발견하기 위해 방향을 전환하는 것이라 할 수 있다. 그것은 또한 규칙적인 묵상기도훈련을 시작하는 때가 될 수도 있다. 보통 이 각성을 한 후에는 언더힐이 정화 또는 자기의 정화라고 부른 중요한 내적 일탈의 시기가 뒤따른다. 우리가 우리의 관심을 무의식적이고 우리 내면에 숨겨진 부분으로 돌릴 때, 우리는 종종 난폭한 힘이 날뛰고 있는 것을 발견할 것이다. 융은 이러한 힘을 심리적 콤플렉스(psychological complex)라고 명명했다. 그것은 인생의 초기에 시작되어 힘을 갖게 되었고, 스스로를 보다 강하게 하면서 우리의 심리구조 속에서 힘을 구축하고 있는 감정의 반응양식이다.

우리는 각자 공포, 완벽, 실패, 그리고 우리 육체 이미지 주위에 몰려 있지만 오직 한 두 개만을 이름 붙일 수 있는 그러한 콤플렉스를 갖게 될 것이다. 우리가 이러한 콤플렉스를 갖고서 영혼을 불러오기 위한 여행을 시작할 때, 톰이 겪었던 두통의 경우에서와 같이, 그것들은 우리의 관심을 끌기 위해 우리를 소리쳐 부르게 될 것이다. 우리는 어린 시절의 악마들과 씨름하면서, 극적으로 윌버가 말한 상상력의 영역으로 들어갈 것이다. 종종 이러한 콤플렉스의 반응양식은 꿈에 나타나는 인물이나 상상력을 사용하는 묵상에서 나타나게 될 인물로 인격화될 것이다. 또한 그 콤플렉스 아래 훨씬 깊은 수준에서 있는 원형이 직접 부를 수도 있다.

상상력이 있다해도, 정신생활(psychiclife)의 이 새로운 깊이를 다루는 일은 우리의 자아로서도 어렵다. 우리가 의식적으로 약간의 변화만을 바라고 있는 동안에도, 우리는 갑자기 우리가 기대했던 것보다 훨씬 더 많은 것을 얻기 시작한다. 언더힐에 의하면, 이 정화가 내면 세계에서뿐만 아니라 외부 세계에서도 있을 수 있다는 점이 중요하다. 정화는 직업의 상실이나 관계의 극적인 변화, 혹은 도덕적 통합을 위한 심오한 질문 가운데 드러나기 시작한다. 숨겨졌던 것들이 이 정화 기간 동안에 밝게 드러난다.

조명은 정화의 단계에서 겪는 혼란으로부터 안식을 준다. 조명은 빛에 대한 묵상 경험과 하나님에 대한 직접적 지각의 경험을 묘사한다. 이 조명의 기간을 어떤 사람들은 '고취된 기도(infused prayer)'라고 하고 어떤 사람들은 관상(contemplation)이라고 기술한다. 이때 개인의 내면의 삶은 평온하고 고요한 상태로 들어간다. 이 단계를 가리켜 아빌라의 성 테레사는 개인에게서 가장 위대한 변화(transformation)가 일어나는 곳이라 했다.

깊은 침묵 속에서 하나님은 직접적으로 우리의 마음과 정신, 육체, 그리고 영혼에 영향을 끼치기 시작하신다. 우리는 내면적 관계와 외부적 관계에서 모두 하나님을 지향하게 된다. 윌버의 모델에서, 몸-마음을 통합하는 작업은 정화와 조명의 단계를 이어주는 역할을 한다. 이런 정화과정에서 부분적으로 우리는 의식적으로 깨달은 것을 우리의 몸으로 확대함으로써, 우리의 몸을 변화시키게 된다. 오래된 상처를 치료하려면 그 부위를 다시 갈라야 하는 것처럼, 정화의 과정은 다소 어려운 육체적 고통을 수반하기도 한다.

우리가 무의식적인 콤플렉스와 그 반응양식에 사로잡힌 채 인생을 살아오면서 쌓인 고통이 우리의 몸과 마음에서 깨끗해질 때, 맑고 순수한 새로운 마음이 드러나기 시작한다. 몸과 마음이 더 고요해지면, 하나님 안에서 안식할 수 있다. 기쁨의 중심이 발견되고 우리는 그 안에 거하는 법을 배운다.

언더힐에 의하면, 정화와 조명의 단계 사이를 오가는 기간이 길어질 수도 있다. 사실, 나는 이 부분이 영적으로 성숙한 우리의 삶의 대부분을 보내게 될 장소가 되어야 한다고 생각한다. 왜냐하면 새로운 균형을 이루게 되면 하나님의 창조적 희망이 새로운 문제를 제기하며 우리의 존재로 들어오고, 우리 자신과 다른 사람들의 고통을 치료해 줄 새로운 빛을 찾으면서 다시 정화의 단계로 떨어지기 때문이다.

서양의 신비 문학이 증언하는 것처럼, 몇몇 소수에게는 영혼의 어두운 밤이라고 기술했던 특별히 심원한 정화의 단계가 있을 수 있다. 여기가 바로 하나님께 완전히 복종하는 영역이며, 인격, 행동의 동기, 행위, 그리고 하나님께 향하려는 개인의 의지를 전체적으로 변화시키는 영역이다. 이 과정은 특히 인생의 매우 늦은 단계에 찾아온다고 기술되어 왔다. 이것은 보통 여느 성자와 관계되어 왔던 과정이다. 언더힐이 기술한 것처럼, 이 과정을 통해 매일 매순간마다 신성이 개개인들을 통해서 드러나는 하나님과 연합한 삶, 일치된 삶을 살 수 있다.

영혼의 어두운 밤에 개인은 인생의 본질과 죽음의 문제에 직면하게 된다. 삶의 모든 국면이 의문시된다. 모든 문제가 탐구된다. 십자가의 성 요한은 어두운 밤으로 가는 세 단계를 묘사했다(카바노프 & 로드리게즈, 1973, 75).

첫 번째는 감각의 어두운 밤이다. 이때 감각적 쾌락이 멈춘다. 가장 극적인 경우, 실제로 맛이나 감촉, 그리고 구경과 같은 감각적 쾌락을 얻으려는 적극적인 노력을 멈추게 된다. 이보다는 덜해도, 감각적인 것들이 덜 중요하게 된 경우도 있다고 말할 수 있다. 하나님의 현존이라는 장엄한 경험 앞에서 일상은 그 매력을 잃는다.

두 번째 단계는 영혼의 어두운 밤이다. 영혼이라는 말로써 요한 이 의미한 것은 개인이 가진 정신적 수용능력 즉, 사고, 상상, 감각 능력이다. 영혼의 어두운 밤에 우리의 내면의 행동 동기들, 생각과 감정의 구조는 급격히 변화되는 경험을 겪는다.

마지막 단계는 요한이 새벽이 오기 바로 전의 밤에 비유한 단계로, 그는 이것을 그 자체가 하나님이신 어두운 밤이라 불렀다. 이와 같이 곧 새로운 행동 동기와 창조력이 솟아오르는 새벽이 될 어두움도 있다.

그러면 일치된 삶이란 무엇인가? 성 테레사는 ≪영혼의 성≫을 끝맺으면서 내면의 변화의 목적은 무엇인가 라고 질문하고 있다. 그녀는 '선한 일, 선한 일'이라고 답했다. 테레사에 있어서 내적 변화를 위한 이 모든 여정의 목적은 사람이 살아가면서 세상에서 봉사하는 삶을 사는 것이다. 자기 각성은 연민의 증가라는 열매를 맺는다. 그러나 테레사에게 있어서 이 내적 각성이 있기 전과 후에 행하는 선한 일에는 질적인 차이가 있다. 하나님이 직접 개인과 하나되게 하기 위하여, 하나된 의지를 통해 사랑이 흘러나오게 하기 위하여 길이 깨끗하게 닦였다. 하나님의 의지와 나의 의지 사이의 투쟁은 끝났다. 그러면 개인에게 평정이 온다. 테레사는 거의 하나님을 잊어 본 적이 없다고 말한다. 그녀에게는 그녀를 꼭 잡아 인도해 주시는 하나님이 거하고 계신다.

매튜 폭스가 옳게 지적한 것처럼, 이러한 묘사는 수정될 필요가 있다. 왜냐하면 그것이 감각 세계를 부정하는 데로 인도하는 경향이 있기 때문이다. 따라서 그에 의하면, 우리는 반드시 선한 창조세계를 인정하고 긍정함으로써 우리 자신을 균형 있게 유지해야만 한다. 즉, 그가 긍정의 길(via positiva)이라고 부르는 정화작업을 통해 우리는 균형을 유지해야만 한다. 삶의 고통받은 차원을 긍정함으로 우리는 균형을 유지할 수 있고, 이 균형상태에서 우리의 창조성이 발휘된다. 폭스에게 있어서 이 창조성 역시 변화된 세계의 일부분으로서 반드시 세계 속에 표현되어져야만 하는 것이다. 우리는 이러한 원리들을 이미 충분히 가지고 있다. 그래서 우리는 하나님을 닮아 가는 변화를 보여주는 보다 고전적인 모델과 균형을 유지하며 이 원리들을 계속 붙들고 있을 것이다.

우리가 묵상작업을 함께 시작할 때, 나는 폭스의 교정을 긍정적으로 수용할 것이다. 우리는 내면적 투쟁에 초점을 맞추어야 할 뿐 아니라 감각세계에 대해서도 민감해야 할 필요가 있다. 우리는 이제 묵상을 시작함에 있어서 자연과 긍정적인 관계를 맺게 해주는 훌륭한 방법을 사용할 것이다. 그런 다음 이성과 상상력을 모두 이용하여 성서를 묵상할 것이다. 다음으로 우리는 예수기도를 하게 될 것이다. 예수기도는 우리에게 드러나지 않은 인과영역(因果領域)으로 우리를 안내해 줄 것이다. 최종적으로 우리는 ≪무지의 구름≫에 묘사된 것처럼 이 인과세계로 들어가는 가교 역할을 하는 센터링기도(centering prayer)를 탐구할 것이다. 단순한 센터링기도를 통해 관상적 사랑의 태도, 즉 우리 자신과 모든 세계에 대한 연민의 태도와 느낌을 계발시킴으로써 우리는 우리가 드리는 모든 기도에 대한 기본 입장을 갖게 된다.

이제 이 변형시키는 힘이 있는 관상적 사랑에 잠겨보자.

제4장

창조 안에 계신 하나님에 대한 묵상

그리스도인이 묵상생활을 하는 목적이 매일매일 하나님의 사랑과 조화되어 살아가는 것이라고 한다면, 이 목적을 고찰함으로써 우리의 영성훈련을 시작해야 하는 것은 당연하다. 마이스터 엑크하르트에게 있어서 하나님에 대한 내적 추구와 외적 추구는 궁극적으로 구별되지 않았다. 두 경우 모두에 있어서 우리는 신적인 본질을 분별하기 위하여 표면 밑을 관통하고자 하고 있다.

마이스터 에크하르트는 이 진리를 다음과 같이 말했다. "만일 그대가 하나님을 찾는 데 실패한 채, 제각기 존재하는 모든 사물 속에 계신 하나님께로 그대의 시선을 돌린다면, 그대는 이 탄생을 놓칠 것이다"(폭스, 1980, 243).

마이스터 에크하르트와 동시대의 인물이었던 성 보나벤투라는 1217년부터 1274년까지 살았다. 그는 우리에게 하나님께로 향하는 영혼의 여정(커즌스, 1978)이라 불리는 영성훈련을 위한 특별한 방법을 제시했다. 그는 프란시스코 수도회의 총장이었고 파리대학의 교수였다. 그의 영성훈련은 성 프란시스코의 정신에서 드러난, 인간 존재가 가진 본성적 능력에 대한 감사와 자연과 감각을 통해 깨달는 하나님에 대한 사랑에서 시작된다.

나는 우리가 하게 될 그리스도교의 묵상훈련을 보나벤투라의 방법으로 시작할 것이다. 왜냐하면 그의 방법이 우리가 살펴보게 될 묵상훈련 방법 중에서도 가장 실용적인 것 가운데 하나이기 때문이다. 이 훈련은 낮과 밤, 일하다가 쉬는 틈을 잠깐 이용해서, 사람들과 만나는 자리에서, 그리고 특히 단 몇 분간의 산보에서도 활용될 수 있다.

나는 이 방법으로 영성훈련을 시작할 것이다. 왜냐하면 이 방법은 우리가 하는 묵상을 자연과 사물의 세계에 근거하도록 하기 때문이다. 내 생각에 그대 역시 이 방법이, 우리가 곧 고찰하게 될, 보다 내면적인 형식을 지닌 내적 치유와 묵상에 대해 매우 참신한 보완책이 된다는 것을 발견할 것이다. 만일 어떠한 이유에서라도 다른 종류의 내적 묵상이 어렵게 된다거나 혹은 이해할 수 없거나 두려움을 일으키는 이미지를 제공한다면, 이 방법, 즉 자연에 대한 묵상 방법으로 되돌아오기 바란다. 내 생각에 그것이 그대의 기초를 단단하게 해서 그대가 순식간에 정화과정을 통과하게 될 때에도 그대의 훌륭한 동반자가 되어줄 것이다.

하나님께로 향하는 영혼의 여정이라는 것은 중세에 사람들이 존재하는 모든 것과 연관되어 있는 인간의 능력을 어떻게 이해하고 있었는지를 생생하게 보여준다. 영성훈련은 인간의 능력에 대한 탐구, 경이, 그리고 그러한 능력에 대한 감사로부터 시작된다. 보나벤투라는 자신이 저술한 글 속에서 일곱 단계의 묵상을 각 장의 제목으로 삼는다.

1장 : 하나님께로 올라가는 단계에 대하여, 그리고 우주에 나타난 하나님의 흔적을 통해 그분을 묵상하는 것에 대하여

2장 : 감각 세계에 나타난 하나님의 흔적 속에서 그분을 묵상하는 것에 대하여

3장 : 우리의 자연적 능력에 날인된 하나님의 이미지를 통해 그분을 묵상하는 것에 대하여

4장 : 은총이라는 선물에 의해 새롭게 느껴지는 하나님의 이미지 속에서 그분을 묵상하는 것에 대하여

5장 : 존재라고 불리는 그분의 기본적인 명칭을 통해 신적 일치(Divine Unity)를 묵상하는 것에 대하여

6장 : 선(善)이라는 그의 이름으로 가장 복된 삼위일체를 묵상하는 것에 대하여

7장 : 엑스타시를 통하여 우리의 사랑이 하나님께로 완전히 넘어갈 때, 우리의 지성(Intellect)을 쉬게 해주는 영적 신비적 엑스타시에 대하여

나는 커다란 호기심을 가지고 이 모든 훈련을 해 보라고 그대에게 강력히 추천하는 바이지만, 특별히 창조 안에 계신 하나님을 묵상하기 위해 처음 두 가지 방법에 초점을 맞추기를 원한다. 이 글을 번역한 커즌스는 보나벤투라가 사용한 '흔적(vestiges)'에 해당하는 원어가 '발자취(footprints)'였다는 점에 주목한다.

나는 번역이 원래의 시각적인 이미지로부터 멀어지게 된 점을 유감으로 생각한다. 우리가 여기서 살펴볼 필수적인 훈련 방법은 '우주에 나타난 하나님의 흔적을 통해 그분을 묵상하는 것'이다. 이 방법은 '감각 세계에 나타난 하나님의 흔적 속에서 그분을 묵상하는

것'이 될 것이다. 우리가 해야 할 일은 단순히 일상(日常)에 주의를 기울이는 것이다. 그러나 주의를 기울이는 데에도 특별한 자세, 즉 호기심과 탐구의 자세, 감각을 최대한 활용하는 자세, 창조된 우주에 대해 기뻐하고 감사하는 자세를 가져야 한다.

나는 다음의 형식을 따라 창조 안에 계신 하나님에 대해 묵상하는 방법을 살펴볼 것을 제안한다. 산책을 하되 이삼 십분 동안 걸으며 밖에 있을 계획을 가져라. 도시의 거리 역시 하나님이 창조하신 우주의 부분이라 할지라도 자연 속에서 걸어라.

걷는 동안에 그대가 사는 세상의 소리와 광경, 냄새에 주의를 기울여라. 그대의 피부에 와 닿는 바람과 햇빛, 열기 혹은 추위의 느낌에 주의를 기울여라. 그대는 감각을 통해서 창조에 대한 대부분의 정보를 얻는 다는 사실을 알아차려라. 그대가 관찰하는 우주가 하나님에 의해 창조된 것이라는 점을 생각해라. 그러면 이러한 형식을 통해서 그대는 하나님의 발자취를 볼 수 있을 것이다.

그대가 우주의 본성에 대해 숙고할 때, 그것이 그대에게 하나님에 대해서 무엇을 말해주는가? 이 훈련을 일종의 신비한 모험이라고 생각하라. 그대는 하나님에 대한 모든 종류의 것을 들었고 모든 종류의 것을 읽었다. 이제 그대 자신의 경험에 귀를 기울일 때이다. 그대가 그대의 감각기관을 통해 우주를 받아들일 때, 그대가 하나님에 대해 듣게 되는 것은 어떤 것인가? 그대가 나무, 바위, 꽃 앞에 멈출 때 이 질문을 생각해 보라. 시간을 갖고 사물의 본성이 무엇인지 그대 스스로 발견해 보라.

때때로 그대의 깨달음을 이 거대한 계획으로부터 그대의 감각적인 경험을 민감하게 느끼는 쪽으로 옮겨라. 실제로 '보고', 실제로 '만지고', 실제로 '냄새맡아 보고', 실제로 '들어라'. 그대의 감각 속에 파묻혀 보라. 그것들을 소중하게 여기라. 그대의 감각 속에 나타나시는 하나님의 발자취를 찾아라. 다시 그대 스스로 이 질문을 곰곰히 생각하라. 우리에게 창조를 지각할 수 있는 이러한 감각기관이 있다는 것은 하나님에 대해 무엇을 말하는가?

즐겨라!

그대가 산책을 끝내고 돌아온다면, 맛을 느껴보도록 하라. 사과나 한잔의 차 또는 커피를 마셔라. 맛을 음미해라. 아낌없이 주어진 피조 세계에 대해 진심으로 감사하라.

보나벤투라는 이 지점으로부터 훈련을 시작한다. 나는 그것이 결코 우발적이지 않다고 확신할 수 있다. 묵상을 시작할 장소를 어디로 할지에 주의를 기울이는 것은 항상 중요하다. 감각기관과 창조세계에서 시작하는 보나벤투라처럼, 나는 우리가 묵상할 때 감각기관과 창조세계를 가장 근본적인 장소를 가리키는 신호로 삼고자 한다. 만일 우리가 의미를 발견하기 위한 투쟁을 하다가 길을 잃어버려 우리의 삶을 벗어나게 된다면, 본질적인 부분으로 다시 연결될 수 있는 간단한 수단을 갖는 것은 매우 중요하다. 우리에게 필수적이며 우리를 본질적으로 양육시키는 것과 다시 연결시켜주는 심오한 방법으로서 나는 이 훈련을 제안한다.

그리고 나면 보나벤투라의 훈련은 좀 복잡해진다. 그는 마치 우리가 감각기관을 자세히 살펴보았던 것과 동일한 방식에서 자연적으로 부여받은 정신기능을 탐구하는 데로 방향을 돌린다. 만일 우리가 하나님의 형상으로 창조되었다면, 우리가 가진 기억, 이해, 그리고 의지라는 특질은 하나님의 신비에 대해 무엇을 말하는가? 보나벤투라의 묵상은 여기서 본성적으로 인간에게 부여된 기능에 대한 경외와 감사에 뿌리를 둔 채, 일종의 철학적 사변으로 방향을 돌린다. 내가 암시하는 것은 여기서 우리는 이미 앞에서 묘사한 유념묵상과 서로 관련되는 서구적 묵상훈련 방법을 발견한다는 것이다. 그대는 어떻게 그대 마음의 특질을 묘사하겠는가? 그대 자신에 대한 직접적인 경험으로부터 어떻게 그대는 하나님의 본성에 대하여 말하겠는가? 보나벤투라는 우리로 하여금 우리 안에 있는 내적 진리를 발견하도록 이끈다.

그는 우리 자신이 스스로의 감각기관으로 들어가는 모험을 끝낸 후라야 비로소 그리스도가 베푼 구속의 사역이라는 선물에 대해 말한다. 우리가 그리스도교의 묵상 특히 성경묵상과 예수기도라는 고전적 형식을 취하는 것도 이 점에 이르러서일 것이다. 우리가 우리 자신을 성 테레사가 자기 지식의 집이라고 부른 것에 철저하게 뿌리내리게 한 후라야 우리는 보다 위대한 온전함과 내적 치유로 인도될 준비가 되는 것이다.

그리고 나서 보나벤투라는 그리스도인의 증언에서 감지되는 하나님, 존재로서의 하나님, 그리고 선으로서의 하나님의 본질로 주의를 돌린다. 내 생각에 여기서 우리는 앞으로 살펴보게 될 센터링기도의 영역에 있게 되는 것이다.

마지막으로 거의 보편적인 진리임에도 불구하고 신비 작가는 신적 엑스타시의 경험 가운데 자신들이 쓴 것을 모두 버린다. 그대는 감각의 세계가 이제 보나벤투라에게 어떻게 보였을지 상상할 수 있는가? 아마 우리가 우리 자신의 탐구영역을 향해 움직일 때 우리는 남의 도움이 없이도 저절로 발견하게 될 것이다.

　　종종, 나는 그대들이 처음 시작했던 곳으로 돌아와 산책하고 해변이나 산기슭에 앉아서 자연을 관찰하며 감각에 푹 파묻힌 채 창조 안에 계신 하나님의 발자취를 자세히 살펴볼 것을 제안한다. 만일 우리가 더 이상 그런 작업을 하지 않아도 된다면, 우리는 이미 우리가 구원받았다는 것을 발견할 것이다.

제5장

성경에 대한 묵상

복 있는 사람은…. 오직 여호와의 율법을 즐거워하여 그 율법을 주야로 묵상하는 자도다. 그는 시냇가에 심은 나무가 철을 따라 열매를 맺으며 그 잎사귀가 마르지 아니함 같으니 그가 하는 모든 일이 다 형통하리로다.(시1;1-3)

성경 한 가운데 묵상에 대한 말씀이 있다. 반성, 묵상, 그리고 성경에 대한 기도는 유대 – 그리스도교 역사에 있어서 매우 중요한 것이었다. 시편은 1장 첫 시작부분에서 율법, 즉 히브리 성경을 묵상하면 얻게 될 열매를 매혹적으로 묘사하고 있다. 성경을 묵상하는 사람은 모든 면에서 번영할 것이고 마치 시냇가에 심은 나무처럼 적절한 시기에 열매를 산출할 것이다. 성경을 묵상하는 사람은 생명나무가 된다.

1장에서 나는 계시록에 나타난 생명나무라는 이미지에 대해 이야기했다. 거기에서 생명나무는 새 하늘과 새 땅에 있는 모든 피조물을 위해 열매 맺고 있다. 여기 시편에서 생명나무는 전 세계적으로 이루어질 미래의 선취(先取)로서 개인 안에서 열매 맺는다.

우리는 성경이라는 신화적 구조 속에서 아담과 이브에게 영원한 생명을 충분히 얻을 수 있도록 해 주는 생명나무의 열매를 먹는 것이 금지되어 있었다는 것을 기억해 낼 수 있다. 그들은 오직 선과 악에 대한 지식만을 가진 채 세상 속으로 보내졌다. 그러나 그 지식으로도 영원한 생명을 유지하게 하는 힘으로서의 하나님이라는 최후의 실재에 대해서는 제대로 알 수가 없다.

시편 1편의 이미지를 통해 도출된 것은, 신앙인이 성경에 열중한다면 생명나무 혹은 영원한 생명이 그/그녀의 존재 안에 실현될지도 모른다는 것이다.

그러한 이미지는 또한 예수의 가르침에도 담겨있다. "내가 온 것은 양으로 생명을 얻게 하고 더 풍성히 얻게 하려는 것이라"(요 10:10). 예수가 묘사한 생명은 영원한 생명 혹은 하나님의 영원한 창조력을 경험하며 사는 것을 의미한다. 예수 또한 성경의 중요성을 지적하셨다. "내가 율법이나 선지자를 폐하러 온 줄로 생각지 말라 폐하러 온 것이 아니요 완전하게 하려 함이라. 진실로 너희에게 이르노니 천지가 없어지기 전에는 율법의 일 점 일 획도 결코 없어지지 아니하고 다 이루리라"(마5:17, 18). 예수 자신은 성경에 몰두하셨다. 그분은 하나님의 법에 대해 주야로 묵상하면 생명 나무가 된다는 시편 1편이 진리라는 것을 증명해 주신다.

세상을 만들고, 자연을 유지시키는 하나님의 창조력의 표현은 성경 속에 음성으로 나타난다. 그것이 하나님의 영감을 받은 혹은 하나님의 계시로서 성경이 지닌 본질적 의미이다. '하나님의 다바르

(the dabbar of God)'에는 하나님의 창조력과 그분의 말씀을 연결시킨 히브리적 개념이 포함되어 있다. 다바르는 모든 것을 존재하게 한, 그리고 성경 말씀들 속에 설명된 하나님의 '말씀'이다. "태초에 말씀이 계시니라. 이 말씀이 하나님과 함께 계셨으니 이 말씀은 곧 하나님이시니라. 그가 태초에 하나님과 함께 계셨고 만물이 그로 말미암아 지은바 되었으니 지은 것이 하나도 그가 없이는 된 것이 없느니라. 그 안에 생명이 있었으니 이 생명은 사람들의 빛이라"(요 1:1~4). 말씀에 해당하는 그리스어는 로고스(logos)이다. 하나님은 말씀으로 존재하는 모든 것을 창조하셨다.

요한복음에서 이 하나님의 창조적 국면은 영원한 그리스도와 동일시된다. 그분은 이미 모든 창조된 생명의 중심에 계시고 인간 예수 안으로 들어가서 인간의 생명에 대한 신적인 희망을 충분하게 구체화시키셨다. 요한의 로고스는 이제 예수 안에서 인격화된 히브리 사유의 다바르이다. 히브리적 사유에서 다바르는 한 인간 안에 인격화되지 않았고, 성경 말씀 속에 인격화되었다. 말씀 그 자체가 하나님으로 불타오른다.

말씀의 신비는 하나님께로 가는 입구가 된다. 유대 전승에서 끄집어낸 놀라운 이야기를 통해 우리는 이에 대한 신비로운 가능성을 그려볼 수 있다. 그 이야기는 하나님의 사람으로서 매우 존경받고 사랑 받던 한 랍비에 대한 것이다. 죽기 바로 직전 그는 일생 동안 무엇을 묵상해왔느냐는 질문을 받는다. 그는 대답하기를, "나는 성경에 대해 묵상하기를 시작한 이래 첫 단어를 넘어간 적이 결코 없다." 그는 자신의 모든 삶을 '태초에', 혹은 '만물이 시작할 때'라는 말씀을 묵상하는 데 사용했다. 그 개념은 히브리어 한 단어 즉, 성경의 첫 번째 단어에 포함되어 있다. 잠시 멈추고 태초의 신비에 대해 생각하라. 우리는 그러한 묵상이 얼마나 풍부하고 또 우리를 어떻게 생명의 본질로 직접 인도하는지 볼 수 없을까? 그러한 풍부함이 '하나님이 말씀하시는 모든 말씀' 뒤에 숨어 있다.

우리가 성경에 대한 묵상을 시작할 때, 그러한 기대를 가지고 시작하는 것이 중요하다. 그리고 성경은, 우리가 얼마나 많은 말씀을 연구했는가가 아니라 우리가 얼마나 깊이 경험했는가를 통해 그 신비를 드러낸다는 것을 이해하는 것도 중요하다. 이 원칙은 랍비의 이야기에 묘사되어 있다. 그것은 또한 사막 교부들로부터 전해지는 다음의 이야기에 잘 묘사되어 있다. 이것은 스스로 하나님을 찾기 위해 주후 1세기부터 3세기에 이르기까지 이집트와 팔레스틴의 사막 지역으로 갔던 사람들 사이에서 기원한 이야기이다. 그들은 많은 이야기를 해주고 있다. 이들의 이야기 모음집이 ≪사막의 지혜(The Wisdom of the Desert)≫(1960)이라는 제목의 작은 책으로 토마스 머튼(Thomas Merton)에 의해 만들어졌다. 이 이야기는 머튼의 책에서 발췌한 것이다.

두 형제가 세테(Scete)에서 혼자 살던 늙은 교부에게 갔다. 첫째 사람이 말했다. 저는 구약과 신약의 모든 것을 마음으로 배웠습니다. 늙은이가 그에게 말했다. 그대는 말씀으로 가지고 허공을 채우시오. 다른 사람이 말했다. 저는 신약과 구약의 말씀을 완전히 옮겨 적었습니다. 그리고 내 작은 방에 그것이 있습니다. 그러자 이 사람에게 늙은이가 대답했다. 그대는 그대의 창문을 양피지로 채우십시오. 그러나 그대는 "하나님의 나라는 말씀에 있는 것이 아니라 능력에 있다." 그리고 다시, "율법을 듣는 자가 하나님 앞에서 정의롭게 되는 것이 아니라 그것을 실천하는 사람들이 그렇게 될 것이다"라고 말했던 사람을 알지 못하십니까? 그래서 그들은 그에게 물었다. 구원의 길은 무엇입니까? 그러자 그가 그들에게 말했다. 지혜는 하나님에 대한 두려움과 참을성 있는 겸손함에서 시작됩니다(74).

우리를 구원하여 온전함으로 인도하는 것은 성경을 얼마나 많이 읽고 배우고 필사했는지가 아니라, 하나님의 말씀이 우리의 마음과 정신으로 얼마나 깊게 스며들었는가 하는 것이다. 경외심과 단순한 자세로 성경을 묵상하기 시작한다면 우리는 올바르게 인도될 것이다.

렉시오 디비나

그리스도교 신비주의의 영성훈련 방법이 몇 세기를 거쳐 발전함에 따라, 성경에 대한 묵상에 렉시오 디비나(Lectio Divina)라는 용어를 사용하기 시작했다. 이 용어는 6세기 수도원에서의 생활을 체계화할 때, 성 베네딕트(St. Benedict)가 그것을 생활의 첫 번째 규칙으로 정함으로써 흔하게 되었다. 그래서 그것은 성 베네딕트의 규칙으로 알려지게 되었다. 그때부터 계속해서 이 규칙은 수도원생활을 하는 그리스도인과 그렇지 않은 그리스도인의 생활을 매우 비슷하게 만들었다.

성 베네딕트의 규칙은 렉시오 디비나라는 하나님의 말씀(성경)에 대한 연구, 오푸스 데이(opus dei)라는 하나님에 대한 예배, 그리고 오푸스 마눔(opus manuum)이라는 손으로 하는 노동이라는 세 가지 방법으로 그리스도인의 삶을 통제한다. 베네딕트회의 수도자는 이 세 가지 일을 하며 하루를 보낸다. 이 세 가지 과제는 모든 그리스도교 공동체의 기본적인 안내 원칙이 되었다. 예배와 연구 그리고 노동이 잘 균형잡힐 때 그리스도교 공동체는 올바로 기능하게 된다.

렉시오 디비나라는 훈련은 성경에 대한 특별한 접근방식으로 지금은 베네딕트 수도회의 묵상방법으로 알려져 있다(마이클 & 로리시, 1984, 31-45). 이 훈련에서 성경에 대한 묵상 방법은 네 단계로 나뉜다. 첫 번째단계는 렉시오(lectio)로 성경을 읽는 것이다. 두 번째 단계는 메디타시오(meditatio)로 문단의 한 구절을 묵상하는 것이다. 세 번째 단계는 오라시오(oratio) 즉 성경에 대해 기도하는 것이다. 그리고 네 번째 단계로 들어갈 수 있다면, 이 단계는 하나님의 은총의 행위로서 이해된다. 그것은 컨템플라시오(contemplatio) 혹은 관상(觀想)이라고 불린다.

이 네 단계의 공식은 20세기에 귀고 2세(Guigo II)에 의해 쓰여진 글에서 명료해졌다. 그는 카르투지오 수도회(Carthusian monk)의 수사로 프랑스에 있던 대(大)카르투지오 수도원의 원장이었다. 이 얇은 책자는 귀고가 한 친구에게 보낸 편지로 ≪수도자의 사다리, 관상적 삶에 대한 편지(The Ladder of Monks, a Letter on the Contemplative Life)≫(1978)라는 제목이 붙어 있다. 귀고의 글을 통해 우리는 렉시오 디비나라는 영성훈련을 보다 잘 이해할 수 있다. 이런 이유로, 이 글은 어느 정도 길게 인용될만한 가치가 있다.

어느 날 제가 손 일을 하느라고 바쁠 때, 저는 영적인 일에 대해 생각하기 시작했습니다. 독서, 묵상, 기도, 그리고 관상이라는 영적 훈련의 네 단계가 한번에 제 마음으로 들어왔습니다. 이것들은 수도사들이 땅으로부터 하늘로 올라가도록 해주는 사다리라 할 수 있을 것입니다. 이 사다리에는 칸이 거의 없지만, 그 길이는 끝이 없고 놀랄만합니다. 왜냐하면 낮은 쪽 끝은 땅에 닿아있고 그 위쪽 끝은 구름을 뚫고 하늘의 비밀에 닿아 있기 때문입니다….

성경을 읽을 때 사람은 자신의 모든 힘을 다해 내용에 집중하기 때문에 독서는 성경에 대한 주의 깊은 연구라 할 수 있습니다. 묵상은 나름대로 숨겨진 진리를 찾으려고 말씀을 마음에 부지런히 적용하는 것입니다. 기도는 악으로부터 벗어나기 위해, 선한 것을 얻기 위해, 하나님께로 마음을 돌려 헌신하는 것입니다. 관상은 어느 정도까지 마음이 하나님께로 올려지고 나면 그 위에 머무르면서 영원히 달콤한 기쁨을 맛보는 것입니다.

독서를 통해 축복 받은 달콤한 삶을 알게 됩니다. 묵상은 그러한 삶을 지각합니다. 기도는 그것을 요청하고, 관상은 그것을 맛봅니다. 말하자면 독서는 음식을 모두 입안으로 넣는 것이고, 묵상은 그것을 씹고 분쇄하는 것이고, 기도는 그 맛을 느끼는 것이고, 관상은 기쁨을 가져다 주고 원기를 회복시켜주는 달콤함 그 자체라 할 수 있습니다. 독서는 외부의 작업이고, 묵상은 내면의 작업입니다. 기도를 통해 우리는 바라는 것을 요청하며 관상은 우리가 발견한 달콤함 속에 있는 기쁨을 우리에게 줍니다(81-83).

귀고는 요약을 하며 다음과 같은 이미지를 덧붙인다.

맨 앞에 오는 독서가 기초가 됩니다. 독서는 우리가 묵상해야만 할 주요한 문제를 제공해 줍니다. 묵상을 통해 우리는 바라는 것이 무엇인지를 보다 주의 깊게 고려하게 됩니다. 다른 말로 하면, 그것은 찾고자 하는 보물을 위해 땅을 파는 것입니다. 그러나 묵상만으로는 보물을 움켜쥘 수 없기 때문에 우리는 기도를 하게 됩니다. 기도는 전능하신 하나님께로 전달되어 간절하게 원하는 관상의 달콤함이라는 보물을 간구합니다. 관상에 이르면 다른 세 노력이 보상됩니다. 관상은 목마른 영혼을 하늘의 달콤한 이슬로 취하게 합니다. 독서는 외부감각의 훈련입니다. 묵상은 내적 이해 그리고 기도는 욕구와 관계되어 있습니다. 관상은 다른 모든 기능보다 탁월합니다. 첫째 단계는 초보자에게 적합하고, 둘째는 능숙한 자에게, 셋째는 헌신자에게, 그리고 네 번째는 축복 받은 자에게 적합합니다(92-93).

우리는 이 풍요로운 이미지들을 통해 하나님의 중심으로 우리를 이끌어 줄 수 있는 *렉시오 디비나*를 훌륭하게 이해할 수 있다. 우리도, 귀고의 지적처럼, 외부적인 감각의 훈련으로 시작한다. 우리는 성경을 우리의 눈으로 읽는다. 우리는 어떤 기대를 가지고 말씀에 귀 기울인다. 우리는 성경 말씀에 처음으로 영감을 주었던 계시가 우리를 위해 다시 한번 불타오르기를 바란다. 우리는 역사의 이야기 뒤에 숨겨진 하나님의 현존을 경험하고자 한다.

렉시오 디비나의 묵상단계를 실제적으로 훈련하기 위해서 나는 우리가 먼저 성경 구절을 명상할 것을 제안한다. 사막 교부들이 가졌던 단순함이란 개념을 상기하라. 그것은 얼마나 많은 성경의 음식이 우리 앞에 차려져 있느냐가 아니라 얼마나 충분하게 섭취하여 그것을 우리의 안내 원리로 삼게 할 것이냐의 문제이다. 그래서 우리는 "태초에, 하나님이 천지를 창조하셨다"(창1:1)와 같은 한 구절을 택해서 숙고하기 시작한다. 우리는 그 구절의 핵심적인 의미를 얻기 위해 내용을 각색해도 된다. 또한 우리는 심지어 이 정도 구절의 말씀도 한 번에 숙고하기에 너무 분량이 크다는 것을 발견할 수도 있다. 그래서 우리는 보다 짧은 구절로 나누어 그것을 묵상할 수도 있다. "태초에 하나님이 창조하시고 계셨다." "하나님이 하늘을 창조하신다." "하나님이 땅을 창조하신다." 한 구절을 '씹는' 방법은 이처럼 셀 수도 없이 많다. 나는 그 구절을 몇 단어로 바꾸어 그대 내면의 마음으로 부드럽게 되풀이할 수 있을 정도로 만들라고 제안한다. 이것이 귀고가 마음을 성경 구절에 바쁘게 적용하는 것이라고 묘사한 단계이다. 이 훈련은 최소한 처음에는 이성의 훈련이라 할 수 있다.

나는 *렉시오 디비나*, 즉 성경 구절에 대한 묵상이 우리가 그리스도교가 제시하는 내적 묵상훈련을 시작하는 훌륭한 출발점이 된다는 것을 발견했다. *렉시오 디비나*는 우리의 이성적 마음과 우리 안에서 항상 소리내며 활동하는 마음의 일부를 이용한다. 그리고 그것은 우리로 하여금 점차 소리내는 속도를 늦추도록 한다. 그것은 마음의 언어적 기능과 연합하여 우리의 마음을 우리 안에 있는 보다 깊은 차원의 신비로 향하도록 해준다.

우리가 성경 구절을 묵상하는 이 훈련을 시작할 때, 성경 구절을 묵상하는 데 10~20분 정도 할애할 것을 나는 제안한다. 보통 이 묵상을 시작하면 우리는 내적으로 그 구절을 계속 반복하고 있을 것이다. 그리고 동시에 말씀과 관련된 연상이 우리에게 떠오르기 시작할 것이다. 우리는 다양한 의미를 발견하게 될 것이다. 그래서 때때로 우리의 마음이 원래의 구절로부터 아주 멀리 떨어져 배회하는 것을 발견하기도 할 것이다. 부분적으로 우리는 이 훈련을 통해 묵상에 집중한 채로 있을 수 있는 능력을 기를 수 있다. 그래서 정신적으로 방황하면서 우리가 어디에 있는지 확실하게 찾을 수 없다면 언제라도 그것은 출발점으로 돌아오도록 하는 신호가 된다. 우리는 처음 구절로 돌아와서 그것에 다시 초점을 맞출 수 있다.

우리는 감수성과 경각심을 가져야 한다. 이들은 우리의 자세를 통해 구체화될 수 있다. 이러한 종류의 묵상을 하려면 의자에 앉은 채, 발을 바닥에 내려놓고 팔과 손을 무릎에 가지런히 놓는 것이 좋다. 그대는 무릎에 성경을 놓고 그 구절의 다른 면을 살펴보았으면 하고 바랄 수도 있다. 그대는 눈을 감은 채 그 구절을 내적으로 취해라. 연상, 의미, 그리고 통찰이 일어나도록 하면서 내적으로 그 구절을 되풀이해라. 이것이 *렉시오 디비나*라는 묵상단계이다. 그대는 이런 식의 묵상이 큰 가치가 있다는 점을 발견하여 다른 단계로 움직일 필요가 없다는 것을 알게 될 것이다. 우리는 성경에 대한 규칙적인 묵상을 하는 것만으로도 매우 건강하게 될 것이다. 오직 그대가 내적으로 인도되는 것 같을 때에만 다음 단계로 더 나아가라.

다음 단계는 기도이다. 기도에 해당하는 *오라시오*라는 라틴어를 통해 우리는 여기서 의미하는 기도의 본성을 잘 이해할 수 있다. 오라시오는 듣고 말하는 것을 의미한다. *오라시오*에서 우리는 우리의 가장 깊은 욕구가 무엇인지 드러나게 한다. 이런 까닭에 귀고는 기도를 욕구와 관련되어 있다고 말한다.

귀고의 묘사에 따라서 이제 우리는 감정과 관계라는 장(場)으로 들어간다. 그에 의하면, 묵상은 성경 구절에 내포된 신적 진리의 메시지를 우리 안에서 보다 깊이 느끼도록 한다. 이제 온전함을 이루기 위해 우리에게 부족한 것이 무엇인지가 드러나게 되고 우리는 그것과 씨름한다. 묵상기도를 경험하는 이 시점에서 우리는 초점을 성경 구절로부터 드러난 우리 삶의 문제로 옮기게 될 것이다.

우리의 기도는 보다 앞부분에서 논의된 것처럼 적극적인 측면에 집중될 것이다. 우리의 기도는 또한 우리가 가진 욕구를 느끼려고 주의를 기울이는 데 집중될 것이다. 우리의 기도는 불완전한 영역과 내적으로 대화하는 형식을 취할 수도 있을 것이다. 이 점에서, 2장에서 언급된 톰을 치료했던 기간 전체를 기도행위라 볼 수 있다. 20분에서 1시간 정도 묵상기도를 하면 우리는 아마 기도해야할 보다 깊은 몇몇 문제가 우리의 의식에 떠오르는 것을 발견할 수도 있을 것이다.

한 번에 하나의 문제를 다루는 것이 좋다. 그리고 그대가 그 문제에 대해 어떤 해결책을 찾게 된다면 성경 구절에 대한 묵상으로 되돌아오는 것이 좋다. 가능하면 묵상이 그대의 경험에 있어서 주된 역할을 하도록 하라. 그러나 깊은 문제가 제기된다면 기도로 그 문제를 다루라.

관상은 여기에서는 선물로 묘사된다. 때때로 그것은 일어나기도 하고 일어나지 않기도 한다. 그러나 귀고에게 있어서 관상이라는 것은 어떤 식으로든 묵상의 배후에서 충동하는 힘이다. 우리가 갈구하는 하늘의 달콤한 이슬이다. 그것은, 비록 일순간이라 할지라도, 하나님과 얼굴과 얼굴을 맞대고 사는 경험이다. 귀고는 다음과 같은 말로 그의 편지를 끝맺는다.

이제 편지를 끝내려고 합니다. 이제 우리, 이 순간 우리로 하여금 그분을 관상 속에서 바라볼 수 없도록 하는 무거운 짐을 가볍게 해 달라고, 그리고 그 짐이 수일 내에 모두 제거되게 해 달라고, 신적인 관상의 달콤함을 한 방울씩 혹은 이따금 맛보는 것이 아니라 어느 누구도 빼앗아갈 수 없는 한없는 기쁨 속에서, 변함 없는 하나님의 평화 속에서 그 달콤함을 맛보고, 우리가 하나님이 선택하신 즐거워하는 장소인 시온에서 신(神) 중의 신을 바라보게 될 때까지 더욱더 강하게 우리를 인도해 달라고 주님께 기도합시다.(1978, 98-99)

귀고는 삶의 기쁨의 중심을 직접적으로 경험한다. 그는 하나님의 평화로부터 솟아나는 끊임없는 기쁨을 경험한다.

하나님의 끊임없는 평화가 우리에게 임할 때, 우리가 해야할 일이란 우리의 욕구나 탐구를 옆에 제쳐두고 그것을 즐기는 것이다. 내적으로 하나님과 함께 즐기는 것이다. 묵상을 할 때마다 이와 같이 깊고 지속적인 평화를 경험할 수 있는 것은 아니지만, 가끔 그러한 경험을 할 때가 있을 것이다. 그 순간에 우리는 이미 하나님과 하나가 되어 우리 자신의 기쁨의/창조의 중심으로 초대된다.

렉시오 디비나의 단계는 다음과 같이 다양한 용어로 기술된다.

렉시오 디비나의 단계들

라틴어	영 어	기 능	은유
렉시오	독 서	감 각	과일을 입에 넣기
메디타시오	묵 상	이 성	과일을 씹기
오라시오	기 도	욕 구	맛을 느끼기
컨템플라시오	관 상	없 음	달콤한 기쁨

묵상을 하기 위해 성경 구절을 선택하는 몇 가지 효과적인 방법
이 있다. 한 가지 방법은 성경 가운데 그대가 읽고 싶은 책을 선택
하는 것이다. 그대가 하루에 한 장씩 읽는다면, 그대는 의심할 여지
없이 그대에게 부각되는 한 두 개의 핵심 개념을 발견할 것이다. 성
경을 읽은 후에 그 핵심 구절로 돌아와 묵상할 부분이 그대에게 나
타나도록 하라.

어떤 구절을 묵상하는 또 다른 매우 효과적인 방법은 상당한 기
간동안 그 구절을 이용해서 묵상하는 것이다. 마치 '태초에'에 대해
묵상했던 랍비와 같이, 만일 우리가 성경의 특정 구절을 가지고 묵
상한다면 의미의 다양한 차원이 드러난다는 것을 발견할 것이다. 또
우리가 랍비와 똑같은 경우를 당할 수도 있다. 한 두 단어가 우리의
묵상에 매우 중요하게 되는 것이다. 하나님의 말씀을 통해 계시를
찾음에 있어서 성령으로 하여금 우리를 인도하게 하는 것 이외에는
어떠한 규칙도 없다.

때때로 밖에서도 성경을 묵상해 보라. 그대가 내적인 방식으로
한 구절에 집중하는 훈련에 익숙하게 된다면 산책이나 다른 육체적
인 훈련을 할 때 가장 좋아하는 구절을 묵상하는 것은 교훈적인 경
험이 될 것이다. 이 훈련을 통해 우리는 각각의 사물 속에서 하나님
을 볼 수 있게 됨으로써 내면 세계와 외부 세계를 연결시킬 수 있게
될 것이다.

상상력을 사용한 성경 묵상

우리는 상상력을 이용해 성경을 묵상할 수도 있다. 이러한 형식
의 묵상은 특별히 성 이그나시우스(St. Ignatius)의 영성훈련과 동일

시되어 왔다(모톨라, 1964). 그러나 성경에 상상력을 사용하는 것은 이그나시우스만의 것은 아니다. 아빌라의 성 테레사 또한 상상력을 사용해서 성경을 묵상하는 법에 대해 이야기한다. 이 두 사람이 동시대인이기 때문에 우리는 이 훈련이 16세기에 매우 널리 사용되었다고 추측할 수 있다.

방법은 간단하지만 효과는 매우 극적일 수 있다. 2장에서 보고된 톰의 사례를 통해 우리는 그 방법을 이미 살펴보았다. 성경 한 구절을 가지고 묵상하는 대신 하나의 전체 이야기를 묵상하는 것이다. 신약성경의 이야기, 예수의 병 고치는 이야기들이 특히 효과적이다.

우리는 상상력을 통해 우리의 마음에서 이야기를 만들 수 있다. 가능한 한 충분하게 내적 감각기관을 동원할 필요가 있다. 그래서 우리는 소리를 듣고, 냄새를 맡고, 색깔과 소재, 건물들과 자연환경을 보고, 우리의 피부에 와 닿는 낮의 열기나 서늘함을 느끼기 위해 노력한다. 내적 감각기관을 활성화함으로써 우리는 이야기 속에 푹 빠지게 된다. 보통 이야기에는 병 고침 받기 위해 예수에게 오는 핵심 인물이나 이야기 전체를 관통하는 중심적인 주제가 있다는 점을 우리는 발견하게 된다.

우리는 상상력을 통해서 이야기에 나타난 질병이나 문제를 우리 자신에게 필요한 요구와 병 고침에 대한 은유로서 사용할 수 있다. 그렇게 되면, 우리는 이야기 속에서 역동성을 발견할 수 있을 것이다.

예를 들어, 중풍병자에 대한 이야기를 통해 우리는 우리가 감정적으로, 직업적으로, 인격적으로 얼마나 마비되어 있는가를 물을 수 있다. 소경 이야기에서 우리는 우리가 얼마나 영적으로 눈이 멀었는지, 우리가 얼마나 하나님의 소명에 눈이 어두워 있는지, 우리에게 통찰이 얼마나 필요한지를 물을 수 있다. 풍랑 이야기에서 우리는 인생이 우리를 어떻게 압도하는지, 어떤 식으로 우리가 평정을 필요로 하는지를 물을 수 있다. 그리고 나면 우리는 이 이야기 하나 하나 속에서 치유하고 도전하고 가라앉히시는 예수의 능력을 볼 수 있다.

상상력을 사용해 묵상할 때, 그리스도를 자기(Self)의 상징으로 이해한 융의 입장이 활성화된다. 그리스도는 우리 안에 온전함(wholeness)을 이룰 수 있게 해주는 잠재력을 나타낸다. 그리스도의 현존은 우리의 내적 지혜를 일깨운다. 그리스도는 신적 치유를 얻게 해주는 중재자가 된다. 그리스도가 우리에게 복을 가져다주는 신적인 능력을 가지고 인간과 하나님 사이에 계신다는 교리적 약속이 우리의 정신 생활에서 실현된다. 우리는 그리스도가 연민을 통해 보여준 능력과 축복을 깨닫는다.

어떤 사람들은 내면 세계에 대해 매우 세밀한 시각적인 상상력을 가지고 있다. 그러나 덜 그런 사람들도 있다. 만일 그대가 이러한 형식을 따라 묵상을 한 두 번 시도했을 때 열매를 맺지 못할 것 같으면, 잠깐 쉬면서 성경 한 구절에 대해 묵상을 계속 하되, 가끔 상상력을 사용하는 것이 좋다. 우리가 실제로 세밀한 시각적 상상력을 가지고 있든지 그렇지 않든지 간에 이러한 묵상 형식을 통해 깊은 곳으로부터 치유가 일어날 수 있다. 실제로 치유하시는 그리스도 안에서 우리도 치유받아야 할 필요성을 느낌으로써, 우리의 내적 경험이 극적이든 아니면 아주 미세하든지에 상관없이 상당한 치유가 이루어진다.

성경에 상상력을 이용함으로써 일어나는 치유 역학을 보다 충분하게 이해하기 위하여 나는 한 예를 제시하고자 한다. 이제 톰의 경험이 시작된 이야기로 들어가 보자. 톰을 자신의 내부로 인도해준 묵상은 요한복음 5장의 이야기에 근거한다. 내가 이 이야기로 그대들을 내면 세계로 인도한 후에, 우리는 내적 치유의 역학에 더 큰 관심을 가진 채 성경 묵상에 대한 우리의 논의를 결론지을 것이다.

단순하게 이야기를 읽음으로써 우리는 성경 묵상을 쉽게 시작할 수 있다.

그 후에 유대인의 명절이 되어 예수께서 예루살렘에 올라가시니라. 예루살렘에 있는 양문 곁에 히브리 말로 베데스다라 하는 못이 있는데 거기 행각 다섯이 있고 그 안에 많은 병자, 소경, 절뚝발이, 혈기 마른 자들이 누워 [물의 움직임을 기다리니 이는 천사가 가끔 못에 내려와 물을 움직이게 하는데 움직임 후에 먼저 들어가는 자는 어떤 병에 걸렸든지 낫게 됨이러라] 거기 서른여덟 해 된 병자가 있더라 예수께서 그 누운 것을 보시고 병이 벌써 오래된 줄 아시고 이르시되 네가 낫고자 하느냐 병자가 대답하되 주여 물이 움직일 때에 나를 못에 넣어 줄 사람이 없어 내가 가는 동안에 다른 사람이 먼저 내려가나이다. 예수께서 이르시되 일어나 네 자리를 들고 걸어가라 하시니 그 사람이 곧 나아서 자리를 들고 걸어 가니라.(요 5:1~9)

이 이야기를 연구할 때 성경주석을 사용함으로써 성경 안에 있는 역동적인 요소를 이해할 수 있다면, 우리는 그 이야기를 최대로 활용할 수 있게 될 것이다. 예를 들면 연못의 물이 움직일 때 못에 넣어 줄 사람이 없다고 그 사람은 예수께 대답했는데, 이 부분의 의미는 무엇인가? 사람들은 때때로 하나님이 바람처럼 오셔서 연못의 물을 휘젓는다고 믿었다. 그러한 일이 일어날 때, 연못 안으로 들어가는 첫 번째 사람은 하나님의 기적으로 치유될 것이라고 믿었다. 그래서 사람들은 이런 기대를 가지고 이 장소에 모였던 것이다. 약간의 해석을 덧붙여 본문과 더불어 우리의 내적 여행을 시작하자.

나는 그대가 몸을 바르게 하고 눈을 감은 채 편안하게 앉기를 원한다. 긴장을 완화시키기 위해 한두 번 깊이 숨쉬라. 그대 마음이 이야기로 향하도록 하라. 마치 그대가 예수 시대에 사는 사람으로서 멀리 언덕 위에 도시 예루살렘을 상상함으로써, 그 도시를 보는 장면으로부터 묵상을 시작하라. 이제 그대의 상상에 의해 펼쳐진 도시에 들어가서 시장(市場)을 찾아라.

성경은 우리에게 이야기가 축제 기간에 일어났다고 설명하고 있다. 그러니까 우리는 여러 다른 소리를 듣게될 것이다. 그 소리에 귀를 기울이라… 동물소리, 시장에서 사고 파는 소리를 들어 보라. 그대가 지금 무슨 색상과 형태를 보고 있는지 주목해라. 길은 어떻게 생겼는가? 그 길은 더럽고 먼지가 낀, 자갈로 된 편평한 돌길인가? 그대 자신의 상상 속에 떠오르는 것이라면 무엇이든지 주의를 기울이라. 축제가 열릴 것을 기대하는 사람들의 흥분과 혼잡함에 주목하라….

이제 그대의 상상력을 이야기 속의 장소인 베데스다 라고 불리는 연못으로 옮겨라. 연못에 주목해라. 그 모양은 어떠한가? 물의 색깔은 어떠한가? 그것은 얼마나 큰 연못인가?… 다섯 행각에 주목해라… 그대 자신의 상상력을 통해 이 장소를 그려 보라.

이제 소리에 주목해라. 그곳은 아픔과 고통의 장소이다. 많은 절름발이와 병자들 소경들이 있는 장소이다. 그들이 어떻게 서로 상호 작용하는지 살펴 보라. 그들이 기적적인 치유가 일어났다고 알려진 이 장소에서 무엇을 느끼고 있는지 주의를 기울여라….

그리고 이제 그대가 그들 가운데 하나라는 점에 유의해라. 삼십 팔년간을 병들어 있던 그대는 자리에 누워있는 중이다. 병자로서 그대는 어떻게 느끼는가?(여기서 우리는 상상 속에서 성별을 조정할 필요가 있다. 남자로서든 여자로서든 이야기가 계속 진행되도록 어느 정도 조정하는 것은 가능하다.) 이 장소에서 그 사람들과 더불어 있으며 그대는 어떻게 느끼는가? 어떠한 방식으로 이야기에 나오는 사람의 병이 그대의 질병을 반영하는가? 어떤 식으로 그렇게 오랜 세월동안 그대는 장님이거나 절름발이거나 중풍병자였는가? 계속 상상력을 발휘하기에 앞서 이 질문에 어느 정도의 시간을 할애하라. 이야기의 질병을 그대의 육체, 정신 혹은 영적 질병에 대한 은유로 받아들임으로써 그대 자신이 가진 문제가 표면으로 떠오르도록 하라.

멀리에서 사람들이 움직이고 있다. 한 사람을 따라 일단의 무리가 다가오고 있다. 그가 다가올 때 상상력을 통해 예수의 생김새를 그려보라. 그 당시 사람들은 흔히 예수를 생생하게 보았다. 그리고 사람들은 특별히 다르게 생기지 않은 이 빛의 인물을 자주 만났다. 그대 자신의 상상 속의 예수가 접근하게 해라. 놀랍게도 예수는 그대 앞에 멈추신다. 그분은 묻는다. "그대는 낫기를 원하느냐?" 다시 이 질문에 시간을 할애하라. 이 때가 아마 이 이야기의 가장 심오한 순간일 것이다. "내가 진정으로 이 고질적인 문제, 이 질병, 이 고통으로부터 해방되기를 원하는가?" 이 질문에서 우리는 우리 자신이 가진 약점을 보게 된다. 우리는 아주 충분하지는 않았던 삶에 우리가 얼마나 편안하게 적응해왔는지를 발견한다. 혹 우리는 바로 대답하기를 원하지 않을 수도 있다. 이야기에 나오는 사람이 아무도 자신을 도와주지 않았다고 했던 것처럼 우리는 우리가 고침을 받을 수 없었던 이유를 찾아낼 수도 있다. 그대는 마음과 정신으로 예수의 질문에 적절하게 대답할 수 있도록 노력하라. 그대는 고침을 받기 원하는가?

이야기에 보면 이 사람의 답변을 들으신 예수는 간단히 그에게 명령하신다. "일어나 네 자리를 들고 걸어가라." 이제 그대는 그대가 찾아낸 약점을 치유 받고 일어나는 것을 상상해 보라. 그대 자신이 그 약점들로부터 해방되는 것을 상상하라. 최소한 잠깐만이라도 그대가 알고 있는 약점이 없이 새롭게 살아가는 그대의 모습을 상상해 보라. 그러한 약점이 사라진 그대의 육체를 느껴라. 해방감을 느껴 보라. 그대가 이제 어떻게 살아갈 것인지를 상상하라….

우리는 셀 수 없이 많은 성경의 이야기들로부터 이와 같은 종류의 묵상을 경험할 수 있다. 예수께서 바다를 잠잠케 하신 이야기(마가복음 4장 33절 이하), 군대라 불린 사람을 고치신 이야기(마가복음 5장), 소경을 고치신 이야기(요한복음 9장), 나사로를 무덤에서 불러내신 이야기(요한복음 11장)를 통해 쉽게 그러한 경험을 할 수 있다. 모튼 켈시(Morton Kelsey)는 ≪침묵의 이면(The Other Side of Silence)≫(1976) 이라는 저서의 부록에서 이러한 방법을 통해 얻은 수많은 경험을 이야기 해주고 있다. 그대가 그런 방식에 익숙해진다면, 그대는 자연스럽게 상상력을 통해 성경 이야기를 탐험할 수 있게 될 것이다.

　이 경험으로부터 우리는 내적 치유의 본성에 대해 어떤 추측을 할 수 있을까? 첫째로 성경 안에 기술되어 있는 치유의 상황을 보는 것이 중요하다. 예수의 치유는 다양한 형식으로 나타난다. 예수는 때때로 이 이야기에서처럼 직접적으로, 그리고 요청된 적이 없음에도 치유를 해 주실 때도 있다. 다른 경우, 다른 사람들의 도움을 받아 그에게로 온 병자를 만나기도 하신다. 이런 상황을 접할 때, 우리는 다른 사람에 대해 관심을 갖고 치유기도를 하라고 요청 받는다. 몇몇 경우에는 육체적으로 질병이 있는 사람이 접근한다. 그리고 예수는 그 병을 육체적 질병으로 보시기보다는 다른 사람들과의 관계에 대한 문제로 접근하신다. 어떤 경우 그분은 청원자에게 내가 그대에게 그대의 죄가 사해졌다고 말하기를 원하는가?, 아니면 그대의 병이 나았다고 말하기를 원하는가? 하면서 묻기도 하신다. 이러한 만남은 몸·마음의 과정에 대한 최근의 연구에서 발견되고 있는, 육체적 건강에 대해 취하는 내적 태도에 관해 많은 시사점을 갖는다. 끝까지 치유되지 못할 것 같은 상황도 있다.
　바울을 괴롭히던 신비로운 육체의 가시가 그런 것이다. 그는 나음을 얻기 위해 기도했지만, 결국 아무것도 발견하지 못한 채 영적인 답변을 얻었다. 문제는 사라지지 않았지만 여전히 하나님의 은총이 그를 떠받치고 있다는 것이다.

이와 같이 우리가 내적 치유의 도가니에 접근할 때, 우리는 결과를 완전히 개방시켜 놓아야 할 것이다. 우리의 딜레마 혹은 질병이 우리가 도움을 요청하고 있는 바로 그 영역에서 해결될 수도, 그리고 다른 영역으로부터 해답을 얻을 수도 있을 것이다. 또한 우리는 어떤 문제에 대해 해답을 얻기까지 심하게는 몇 년을 소비하며 계속 투쟁해야만 할지도 모른다. 문제가 어떤 식으로 해결되든지 간에 완전하게 해결 받기 위하여, 나는 우리가 성경 이야기를 가지고 충분히 작업하고 이야기의 각 단계에서 우리가 얻을 수 있는 주요한 은유를 살펴보라고 제안하고 싶다.

우리가 기술해 왔던 것처럼, 성경 묵상을 통해 치유를 받으려면 우리는 무엇보다도 먼저 영혼의 장으로 들어가야만 할 필요가 있다. 우리는 성경을 통해 하나님의 영원한 창조적 시야 속에서 자아-차원에서 발생하는 의문점과 문제점, 그리고 딜레마를 바라볼 수 있다. 그리고 그러한 시야에서 바라볼 때에라야 치유가 때때로 일어난다. 그러나 이 거대한 관점에서 바라보는 방법 외에도, 마치 예수가 우리의 내적 경험에서 자각되는 것처럼, 상상력을 가지고 성경을 사용함으로써 우리는 우리 안에 감소되고 고통받고 있는 부분과 예수께서 가져다 주신 최고의 지혜 사이에 상호소통을 촉발시킬 수 있다. 이러한 힘이 서로서로 소통될 때, 지속적인 치유가 가능하다. 우리는 이 작업을 도와준 수단이 된 이 영혼의 모델에 근거해서, 고통의 원인이 되는 보이지 않는 에너지 그리고 우리의 어린 시절부터 지속된 억제되고 억눌려 왔던 고통과 친하게 된다. 그것을 보다 단순하게 말한다면, 치유하시는 예수께 나타난 하나님의 사랑 가운데 우리가 있기 때문에 우리는 우리 자신의 고통을 이야기할 수 있고 고통으로부터 해방될 수 있다.

성경 이야기들을 통해 우리는 우리 자신과 하나님께 우리가 갖고 있는 숨겨진 고통의 이야기를 말할 수 있다. 이 이야기를 통하여 우리는 우리를 사로잡고 있는 것들로부터 해방될 수 있다.

제6장

예수기도

하나님의 아들, 주 예수 그리스도시여,
죄인인 나에게 자비를 베푸소서

역사적 근거

위의 형태로 제시된 예수기도는 ≪순례자의 길(The Way of a Pilgrim)≫(French 1952)이라 불리는 러시아인의 글을 통해 19세기에 서방세계에 전해졌다. 이 글은 예수기도를 하면서 러시아를 여행한 어떤 사람에 대한 이야기이다. 그는 입술과 마음과 정신에 이 기도를 항상 되풀이하고 있다.

그리스도교 시대가 시작될 때부터 예수기도는 동방교회의 기둥이 되었다. ≪애선서(philokalia)≫(愛善書, 카들르보프스키 & 팔머, 1954)에 동방전통으로부터 수집된 내면의 삶의 계발을 다룬 글들이 포함되어있다. 4세기부터 15세기에 이르는 글들이 영어로 완역되었는데, 지금도 그것은 유용하다. ≪순례자의 길(The Way of Pilgrim)≫(1983, 300)에 기술된 것처럼, 러시아 농부가 방랑생활을 하면서 영감을 위해 가지고 다녔다는 도브로톨루비예(Dobrotolubiye)라고 하는 이 책의 간추려진 슬라브어 역이 있다.

때때로 사람들은 호흡에 맞추어 이 기도를 했다. 이 기도의 구절은 호흡과 동시에 이루어진다. 예를 들어, 들이마시면서 "하나님의 아들, 주 예수 그리스도시여", 그리고 내쉬면서 또 "죄인인 나에게 자비를 베푸소서"라고 기도할 수 있다. 또는 "하나님의 아들"을 숨을 들이마시면서, "주 예수 그리스도시여"를 내쉬면서 말하고 다시 숨을 들이키면서 "죄인인 나에게", 내쉬면서 "자비를 베푸소서"라고 할 수도 있다. 마지막 구절인 죄인이 생략된 예수기도도 있다(A Monk of New Clairvaux 1979, chap. 9).

예수기도가 수도원뿐만 아니라 대중의 신앙심에까지 퍼진 때가 있었다. 14세기 콘스탄티노플과 19세기 러시아에서 그러한 움직임이 고조되었다. 그 기간에 이 기도는 수도원의 방문객들에게 가르쳐졌을 뿐만 아니라 대주교에 의해서도 주창되었다.

우리가 지금 사용하는 예수기도는 여러 단어로 된 길고 멋있는 형태와 내용을 갖추었지만, 최초의 예수기도는 여리고성 밖의 소경(눅18:38)과 세리(눅18:13)에 대한 성경 이야기에 나타나 있다. 그것들은 단순히 자비를 구하는 외침이다. 사막의 교부 가운데 한 사람은 이 단순함을 묘사하고 있다.

교부들 중의 하나가, 대수도원장 아모나스(Abbot Ammonas)가 찾아왔을 때 마모직 셔츠를 입은채 창고에서 바쁘게 일하고 있었던 어떤 장로에 대해 이야기했다. 대수도원장 아모나스는 그가 마모직 셔

츠를 입고 있는 것을 보고 말했다. "그건 그대에게 조금도 도움이 되지 않을 겁니다." 장로가 말했다. "나는 세 가지 생각 때문에 괴롭습니다. 첫 번째로, 나는 광야 어딘 가로 사라져 버리고 싶은 충동을 느낍니다. 두 번째로, 아무도 나를 알지 못하는 낯선 땅을 찾아 떠나고 싶습니다. 세 번째로, 내게는 나 자신을 이 창고에 가두고 아무도 보지 않으며 이틀에 한번씩만 먹고자 하는 강한 욕구가 있습니다." 대수도원장 아모나스가 그에게 말했다. "그 세 가지 가운데 그대에게 조금이라도 도움이 될만한 것은 아무것도 없는 것 같군요. 그러나 오히려 그대가 창고에 앉아서 매일 조금씩 먹고 늘 그대 마음에 복음서에서 읽은 세리가 한 말을 간직한다면 그대는 구원받을 수 있을 겁니다."(머튼, 1960, 41)

그 세리가 했던 말은 다음과 같다. "하나님이여, 불쌍히 여기옵소서 나는 죄인이로소이다."

예수기도는 본질상 이러한 식의 단순한 기도로서 그것은 우리의 전 존재를 마음으로 이끈다. 이 기도는 종종 마음의 기도(prayer of the heart)라고 불린다. 이 전통에서 '마음'이라는 것은 인간 존재의 본질적인 본성을 상징한다. 지성도 예수기도를 통하여 마음으로 이끌려질 수 있다. 그리고 마침내 사변적인 행동으로부터 해방되어 신적인 빛을 직접 감지하게 된다. 예수기도의 최종 목적지는 인과적 영역이다. 그 영역에 이르면 사변은 멈추고 하나님의 고요한 창조적인 본질이 드러나게 된다.

헤시케이즘(hesychasm)은 예수기도를 했던 사람들에 의해 달성된 평정의 상태를 가리킨다. 헤시케이즘은 내적 외적 평정을 의미한다. 그것은 예수께서 그의 추종자들에게 약속하셨던 하나님의 평화이다. "나의 평안을 너희에게 주노라. 내가 너희에게 주는 것은 세상이 주는 것 같지 아니하니라"(요14:27). 이것은 이해할 수 없는 평화이다. 보다 정확하게 말하자면, 지식 혹은 사변을 초월한 평화라고할 수 있다. 그것은 지성의 투쟁을 초월하는 마음의 평화이다. 그것은 영원한 하나님의 본질에 몰두함으로써 모든 시간의 흐름을 초월하여 주어지는 평화이다. 헤시케이스트들이나 예수 기도를 늘 하던 사람들은 종종 지성을 마음으로 끌어당기는 모습을 육체적으로 보여주기 위해 머리를 숙인 채 호흡하며 기도했다. 이 기도는 단순히 예수의 이름으로 환원되기도 했다. 이 형식에서 예수라는 두 음절 또한 호흡과 더불어 동시에 이루어졌다.

기도를 통해 점점 드러나지 않은 내적 환경으로 들어가게 되면, 예수 기도를 하는 사람들에게는 일반적으로 주의가 주어진다. 이 기도는 초보자가 아니라 숙련자를 위한 것이라 말할 수 있다. 우리가 영원하고 근본적인 빛으로 들어가기에 앞서, 우리 자신의 정화과정에 상당한 양의 에너지를 사용한다는 점, 그리고 자아-자기 축(ego-Self axis)을 가로지르는 경험을 오랜 기간동안 지속적으로 갖는다는 점은 중요하다. 이런 점을 고려해 볼 때, 그렇게 빛나는 평화의 시기에도 정화는 자연스럽게 일어날 것이라는 점은 사실인 것처럼 보인다. 그러한 때가 오면, 우리는 그것에 주의를 기울일 필요가 있고 우리의 깨달음 속에서 생겨나는 보다 어려운 질문을 피하기위해 예수기도를 이용해서는 안된다. 우리가 내적 외적 삶의 전체적 영역으로 들어가려고 관심을 가질 때, 지나치게 빨리 영원한 영역이 우리를 압도하도록 하려고 관심을 가질 필요는 없다. 우리 삶의 모든 영역 사이에 이루어지는 균형과 그에 대한 관심은 우리가 내적으로 보다 미묘한 탐구를 할 때 자연적 근거가 되어 우리를 도와줄 것이다.

거룩한 이름을 부르는 기도

동방전통에서뿐만 아니라 서구 그리스도교에서도 '거룩한 이름을 부르는 기도'라고 할만한, 예수에 대한 기도, 성령에 대한 기도, 그리고 하나님 아버지에 대한 기도에 많은 관심을 가져왔다. 성경 안에는 예수의 이름으로 드려지는 기도가 풍부하다. 예수께서 가르쳐 주신 주 기도에 나타난 형식에서도 하나님의 이름이 비슷한 방식으로 사용된다.

거룩한 이름에 의존하는 기도에서 우리는 먼저 이름을 부르고 그리고 나서 청원한다. 우리는 신의 이름이라는 형식을 통해 신성을 깨닫도록 우리 자신을 일깨운다. 그리고 나서 우리는 인간으로서 응답을 한다.

예수 기도는 이러한 형식을 따른다.

신의 이름	인간의 응답
하나님의 아들, 주 예수 그리스도여,	죄인인 나에게 자비를 베푸소서

우리는 주기도의 첫 부분에서도 같은 형식을 발견한다.

신의 이름	인간의 응답
하늘에 계신 우리 아버지여,	이름이 거룩히 여김을 받으시오며

성령에 대한 찬미에도 나타난다.

신의 이름	인간의 응답
오소서, 성령이여, 오소서	그대의 신실함으로 마음을 채우소서

이러한 관점, 즉 예수기도에 대한 수 없이 많은 다양한 변형이 역사적으로 있었다는 관점에서 우리는 예수기도의 내용을 적절하게 변형시킴으로써 현재 우리에게 필요한 부분을 가장 직접적으로 언급하는 기도형식을 고안해 낼 수 있다. 예수기도는 이런 식으로 우리 자신의 개인적 필요와 찬양을 직접적으로 표현하게 된다.

론 델빈(Ron DelBene)은 일을 할 때 자유로운 형식으로 호흡 기도를 함으로써 커다란 이득을 얻었다(델빈 & 몽고메리, 1981). 델빈은 우리에게 하나님을 초대하라고 한다. 그렇게 함으로써 그분께서 직접 우리에게 필요로 하거나 원하는 것이 무엇이냐고 묻게 하라고 한다. 이 질문에 대답함으로써 우리는 기도의 응답 부분을 얻는다. 그리고 우리는 그것과 관련된 가장 의미 있는 하나님의 이름이나 형식을 만들 수 있다. 이와 같이 함으로써 우리는 "예수여, 나를 붙잡아주소서," "아버지여, 자비를 베푸소서," 혹은 "주 예수여, 나를 고치소서"와 같은 기도 구절을 만들 수 있다.

몇 년 동안 여러 사람들과 더불어 예수기도를 훈련하면서, 나는 사람들이 고전적인 형식의 기도뿐만 아니라 거룩한 이름을 즉각적으로 부르며 기도함으로써 받은 은혜에 감동했다.

예수기도를 처음 따라하라고 할 때, 거부감을 드러내는 사람도 적지 않았다. 어떤 사람들에게 이 기도는 자신의 살아온 경험과 신앙에 방해가 되거나 심지어는 신앙에 반대되는 것처럼 보인다. 어떤 사람들은 그것을 보조적인 기도로만 생각한다. 또 다른 어떤 사람들은 '죄인'이라고 말하기를 어려워한다. 이 기도 구절은 역사적인 전통을 그대로 담고 있다. 그렇기 때문에 이 구절을 통해 우리는 그리스도교 전통, 특히 죄와 은총의 교리와 관계된 전통을 수용하는 것이 지금 우리에게 어려울 수 있다는 점을 발견한다. 이러한 이유로, 나는 보다 깊은 의미를 가질 수만 있다면 사람들에게 기도의 내용을 변형시켜 사용해도 좋다고 했다. 사람들은 1~2년 정도 규칙적인 묵상생활을 한 후에 역사적 형태 그대로의 예수기도가 그들에게 생생하게 살아 있다는 것을 흔히 발견했다. 심지어 처음에는 어려워하던 사람들도 예수기도에 나타난 은총의 필요성을 새롭게 이해했으며, 겸손하게 죄인임을 인정하게 되었다.

나는 그대 역시 이 기도를 따라하는 데 어려움을 겪지는 않는지 시험해 보고, 예수기도의 역사적 형태와 그대 자신의 용도에 맞춰 변형한 형태를 살펴보기를 바란다.

이 그리스도는 누구인가?

예수기도를 하게 되면, 우리는 그리스도인의 삶의 가장 깊은 질문, 즉 역사적 예수를 둘러 싼 질문, 그리스도교회의 교리를 만들게 했던 질문, 분열과 이단을 만들어냈던 질문, 우리 각자가 반드시 그리고 최종적으로는 혼자 대답해야할 신앙의 질문을 던지게 된다.

이 그리스도는 누구인가? 예수의 삶에서 우리가 발견하는 영원하고 창조적인 힘, 예수에게서 가시화되어 하나님의 직접적인 표현으로 나타난 이 힘의 본성은 무엇인가? 이 영원하고 찬란한 빛이 그리스도인가? 그리스도는 십자가에 달려 죽은 자가 아닌가? 아니면 둘 다 인가? 그리스도는 내게 사람의 외형을 취해 나타나는가 아니면 내가 느낄 수는 있지만 형용할 수는 없는 에너지인가? 이 그리스도는 누구인가?

≪기적의 과정(A Course of Miracles)≫(1975)과 같은 현대적 저서에서 가르치는 우주적 그리스도는 성서의 그리스도와 무슨 관계가 있는가? 최종적으로 우리는 모든 다른 질문의 이면에 있는 실제적인 질문을 던져야만 한다. 내가 이 예수 그리스도와 관계함으로써 영원한 투쟁으로부터 구원받을 수 있는가 아니면 구원을 위해 다른 수단을 찾아야만 하는가?

이러한 신앙적 질문이 예수기도를 할 때 생겨난다. 이것들은 새로운 질문이 아니라 서구인들의 삶에 있어서 가장 심오한 질문 가운데 몇 가지이다. 이것들은 예수를 추종하던 사람들과 추종하지 않았던 사람들의 마음을 사로잡았던 질문 가운데 몇 가지이다. 이것들은 복음서 저자들이 염두에 두었던 질문이었다. 이것들은, 비록 이단으로 거부되기는 했지만, 영지주의자들이 마음 속에 품고 있었던 질문이었다. 바울이 그의 서신을 통해 답변하고자 했던 질문이 바로 이것들이다. 의식적으로 이 질문을 제기하든 그렇지 않든 간에 서구인이라면 누구나 이 질문에 사로잡혀 있다. 예수 그리스도는 서구 정신의 중심에 있다. 그는 서구인들에게 인간의 잠재력을 최고로 표현한 원형이다. 그는 우리가 친숙해져야 하는 신비적 공동체에 필수적인 분이시다.

우리는 인간 의식에 대한 초인격적 모델로부터 그분의 본질에 대해 무엇을 배울 수 있을까? 이 의식의 모델을 통해 우리는 이러한 역사적인 질문을 의미 있는 방식으로 우리 시대에도 제기해 볼 수 있는가? 이 모델에 제시된 하나님의 관점으로부터 이해해 보도록 하자. 이 관점에서 보면 하나님은 존재하는 모든 것의 근거요 원천이시다. 그러므로 하나님은 사물이 아니다.

하나님은 사물을 초월하여 계신다. 하나님으로부터 모든 존재하는 것들이 뿜어져 나오기 때문에 그분은 본질상 영원하게 창조하고 계시는 분이시다. 하나님은 생명의 힘이시다. 하나님은 '창조하고 계신다.' 하나님은, 그분이 없다면 아무 것도 존재하지 않았을, 창조하는 분이시다.

만일 하나님이 모든 것 안에 계신 영원한 본질이라면 그리스도인의 신앙의 증언, 예수의 본질적인 증언 역시 이 본질로부터 멀리 떨어져 있지 않다. 우리는 이 본질로 접근할 수 있다. 우리는 이 본질과 개인적인 관계를 맺을 수 있고, 그렇게 함으로써 이 본질을 알 수 있다. 게다가 창조하시는 하나님의 영원한 본질과 그러한 관계를 맺는다는 것은 구원받는다는 것을 의미한다. 그것은 죄와 죽음의 속박으로부터 해방되는 것이다. 만일 우리가 죄의 속박이 스스로를 구속하고 다른 사람의 삶의 창조적인 표현을 제약한다는 점을 이해한다면, 우리는 정말로 죄 안에서 '살고 있다고 할 수 있다.'

현재 우리의 사회정치체제는 죄를 지속시킨다. 그러나 이 사회정치체제는 우리가 창조적인 에너지를 쏟아 붓는 장이 된다는 점에서, 그리고 우리가 새로운 사회적 삶의 형식을 만들 때 하나님의 창조적 본질과 협력하게 된다는 점에서 대속(代贖)의 장이기도 하다. 개인적인 영역에서 우리는 또한 죄의 속박으로부터 해방된다.

예수는 우리의 내적 투쟁을 죄의 영역으로 포함시키셨다. 죄라는 것은 우리 자신의 본질적 창조성으로부터, 우리 안에 있는 신적 근원이며 우리 삶의 본질인 영원한 하나님으로부터 분리되어 있는 것이다. 대속을 받는다는 것은 이 근원이 되는 내적 힘을 직접적으로 '안다'는 것이다. 이 내적 힘은 내주 하시는 하나님 혹은 성령이라고도 불려왔다.

어떤 사람들은 이것을 하나님이 가시화된 내적 그리스도라고 부른다. 이 본질을 직접적으로 알거나 혹은 감지하거나 아니면 이 본질과 끊임없는 관계 속에서 살 때, 우리는 죽음의 장애를 극복하게 된다. 육체적 삶에 있어서 우리 존재의 근거가 되는 이 영원한 신적 본질은 우리의 인격과 삶의 모든 형태의 근거요 본질이기도 하다. 그렇기 때문에 새로운 의식의 모델에 따른 이 이해에는 수정이 필요하다. 하나님은 비단 우리가 우리의 중심에서, 인과영역을 넘어서 그리고 세계의 외부 경계에서 만나게 되는 삶의 본질에 국한되지 않는다. 가시화된 하나님이나 그리스도─영은 또한 의식과 공동체라는 서로 분리된 영역의 근거도 된다.

도표 6은 이러한 생각을 보여준다. 하나님에 대해 영원하신 분이라거나 혹은 사물이 아니라고 말하는 것은 그분이 모든 사물의 본질이 된다는 것을 의미한다. 설명하거나 이름 붙일 수 있는 것은, 그것이 비록 이성적인 자아와 같은 의식의 형태나 나무와 같은 자연의 사물이라 할지라도, 그 본질 속에는 하나님이 '존재'하신다. 이것이 곧 예수 그리스도가 하신 본질적 증언이다. 하나님은 글자 그대로 존재하는 모든 것의 중심에 계신다. 하나님은 선하시고 정말로 선(善) 이상이며 자비로우시다. 이 창조적인 본질로서의 하나님은 모든 피조물을 위해 선한 것을 활발히 찾고 계신다. 요한복음은 자

비로우신 하나님의 활동을 로고스, 그리스도와 동일시한다. 하나님의 자비는 존재의 모든 차원에 있는 우주적 그리스도이다.

도표 6 하나님-존재의 신적 근거

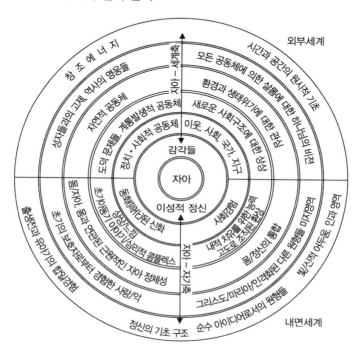

켄 윌버, The Atman Project, 1980

이 새로운 모델로부터 우리는 의식과 공동체의 각 단계에서 하나님을 고유하게 감지할 수 있다는 점 또한 발견한다. 내가 의도한 바는 아니지만, 이 말이 환원적으로 들릴 위험도 있다. 그러나 나는 하나님이 각기 다른 단계에서 근거가 되는 본질로서 어떻게 계시되는지 그 대략을 살펴보고자 한다.

하나님은 몇 마디 단어나 하나의 특정 경향으로 설명될 수 있는 분이 아니시다. 자아의 영역에서 하나님은 인간의 인격(personality)과 독특한 개성(uniqueness)의 근거가 되신다. 그렇기 때문에 육체의 부활이라는 그리스도교의 교리는 단순한 몸을 가리키는 것이 아니라 독특한 개성을 의미한다. 그리스도교적인 관점에서 바라볼 때, 인격은 거룩하다. 사람은 각각 하나님의 본질이 독특하게 표현된 존재이다. 그리스도교 안에서 자아는 잃어버려야 할 어떤 것이 아니다. 그것은 오히려 구속(救贖)되고 하나님과 연합하여 창조하는 기능을 감당해야 한다. 이성의 영역에서 하나님은, 창조적으로 문제를 해결하려는 행동 속에서 그리고 인생의 문제와 질문에 대한 해답을 구하려는 일련의 노력 속에서 발견된다.

우리는 하나님이 삶의 질을 높이고 또 생명을 파괴하기도 하는 새로운 기술을 발견하는 자연과학적 탐구방법의 원천이라고도 말할 수 있다. 상상적·감정적 영역에서는 심리치료, 꿈, 신화 이야기 그리고 성서에서 발생한 치유를 하나님이라 할 수 있다. 이 이야기 속에서 하나님은 심리학적 콤플렉스에 희생되어 온 삶으로부터 우리를 해방시켜 주시는 치유하는 능력이다. 육체·자아와 몸·마음이 통합된 영역에서, 하나님은 기분전환을 가능케 하고 육체를 회복시켜 새로운 일을 할 수 있게 해 주는 육체의 본질이다. 여기서 하나님은 생물학적 세포의 창조과정이다. 신비한 영역에서 하나님은 예수, 혹은 영적인 지혜의 내적 형상으로 제시된다. 그러므로 신비 영역은 예수기도의 출발점이 된다. 여기에서 하나님은 치유하시는 예수 그리스도의 내적 현존 속에서 그분의 영역을 확보하게 된다. 인과적 영역에서 우리는 하나님을 찬란한 빛이나 자비로운 어둠으로 경험한다. 이 영역에서 하나님을 발견하기란 쉽지 않지만 본질로서의 묘사는 대략적으로 가능하다.

우리가 내적 묵상을 할 경우, 비록 예수라는 인물의 신비한 형상이 우리 자신의 인격과 통합되어 하나님과 동일한 하나의 '존재'로 융합된다 할지라도, 우리는 이 영역에서 예수기도를 통해 평화 또는 헤시케이즘을 경험하게 된다.

세상에서도 우리는 이러한 본질을 보게 된다. 하나님은 우리의 감각경험의 근거요 감각적 쾌락의 원천이시다. 하나님은 사회적 질서와 정의와 평화를 외치는 모든 투쟁의 원천이요 근거가 되신다. 계통발생적 사회에서 우리가 만나는 하나님은 용서받고 격려하는 관계에서라야 가능한 친밀함과 사랑이시다.

자연 속에서 하나님은 창조의 신비이시다. 외부 세계의 여행을 통해 우리가 경험하는 드러나지 않은 인과적 영역은 내면 세계의 드러나지 않은 인과적인 영역과 융합된다. 예를 들면, 우리는 하나님이 역사 속에서 자유를 쟁취하도록 하는 힘으로서 활동하셨던 것을 본다.

우리는 하나님을 시간과 공간의 최초 원인으로 본다. 그리스도는 경험의 각 영역에서 온전함을 이루도록 하는 힘, 즉 현존재가 가진 잠재된 신적 창조력을 발현시켜 주시는 분으로 이해될 수 있다.

이 모든 것을 통해 우리는 경험적으로 그리스도를 만나는 다양한 길이 있다는 것을 알게 된다. 많은 부분이 우리의 모델에서 경험의 다른 단계로 향하라는 우리 자신의 '소명'과 관계되어 드러날 것이다. 우리 자신의 인생 무대, 예를 들면, 가족이나 나이든 부모 혹은 어린 자식들로 인해 생기는 중압감 따위의 문제와 관계된 것도 많이 있을 것이다. 그리고 우리의 이성, 상상력 혹은 감각을 통해 인생을 우선 경험하도록 하는 개인적 성향과 관계되어 나타나는 부분도 많을 것이다. 그러나 예수 그리스도의 증언에 따르면 창조적이고 신적인 자비로서의 하나님과의 구원적인 관계가 우리에게 인생의 모든 상황에서 그리고 의식의 모든 장에서 유용한 역할을 하고 예수 그리스도는 그 자비를 향한 안내자가 되신다.

성육신의 교리는 본질상 하나님이 '살 중의 살'로 태어나게 되셨다는 것이다. 하나님은 개별적 인간의 모양을 취하신다. 이 행위는 인류를 '구원하는 것'이다. 예수라는 이름은 "그가 자기 백성을 저희 죄에서 구원할 자"(마1:21)라는 의미를 갖는다. 그는 '임마누엘'이라고 찬양 받는다. 그 의미는 '하나님이 우리와 함께 계시다'(마1:23)는 것이다. 그는 '메시아'로도 불린다. 메시아는 구원자란 뜻을 가진 히브리어로, 정치적인 무질서로부터 사회전체에 질서를 가져다 줄 사람을 의미한다(눅2:11). 그는 '하나님의 아들'로 불린다(눅1:35). '그리스도'는 기름부음을 받은 사람 혹은 하나님의 아들이라는 메시아에 대한 그리스어이다.

성경의 커다란 질문은 역사적 인물로서의 예수가 참된 그리스도인가 아닌가 하는 것이다. 세례자 요한은 사자를 보내 예수께 그가 그리스도인지를 묻도록 했다. 그러자 예수는 대답하셨다. "못 보는 자가 보며 못 걷는 사람이 걸으며 나병환자가 깨끗함을 받으며 못 듣는 자가 들으며 죽은 자가 살아나며 가난한 자에게 복음이 전파된다 하라 누구든지 나로 말미암아 실족하지 아니하는 자는 복이 있도다 하시니라"(마11:5, 6). 예수와 함께 있다는 것은 하나님의 자비로운 창조를 경험하고 있다는 것이다. 예수의 치유사역을 전하는 모든 이야기들을 통해 우리는 인간 예수 안에 비범하게 구현된 신적인 힘을 볼 수 있다. 그리고 십자가에 달리신 그분 안에서 우리는 우리가 죽음과 맺는 인격적 관계가 변화되었다는 것과 역사적, 정치적 질서 안에 있는 악이 변형되었다는 것을 증언하게 된다. 그와 같이 우리는 예수에 대한 성경의 증언 전체를 통해 하나님의 자비가 모든 육체, 모든 사물, 모든 형상 있는 것들 속으로 퍼진다는 것을 알 수 있다. 그리고 동시에 우리는 눈이 어둡고 무지해서 그 본질과 관계를 맺어야 한다. 우리가 그분의 삶과 가르침, 그분의 죽음과 부활을 통해 '하나님이 우리와 함께 계시다'는 것을 발견할 때 예수는 우리를 구원하신다. 요한은 근본적으로 이런 관점을 가지고 예수의 가르침을 바라본다.

태초에 말씀이 계시니라. 이 말씀이 하나님과 함께 계셨으니 이 말씀은 곧 하나님이시니라. 그가 태초에 하나님과 함께 계셨고 만물이 그로 말미암아 지은 바 되었으니 지은 것이 하나도 그가 없이는 된 것이 없느니라. 그 안에 생명이 있었으니 이 생명은 사람들의 빛이라 빛이 어둠에 비취되 어둠이 깨닫지 못하더라…. 참빛 곧 세상에 와서 각 사람에게 비취는 빛이 있었나니 그가 세상에 계셨으며 세상은 그로 말미암아 지은 바 되었으되 세상이 그를 알지 못하였고 자기 땅에 오매 자기 백성이 영접하지 아니하였으나 영접하는 자 곧 그 이름을 믿는 자들에게는 하나님의 자녀가 되는 권세를 주셨으니 이는 혈통으로나 육정으로나 사람의 뜻으로 나지 아니하고 오직 하나님께로서 난 자들이니라(요1;1-5, 9-13)

그러면 우리는 악에 대해 혹은 인간의 삶 안에 있는 파괴욕에 대해, 혹은 자연 자체에 의해 일어나는 우연적 살육에 대해 무엇을 말할 수 있겠는가? 우리가 여기서 전개해 온 해석에 의하면, 악은 무지의 산물이다. 왜냐하면 창조된 개개의 사물은 어느 정도의 자유를 갖고 겉보기에 자신에게 이익이 되는 것을 위해 행동하기 때문에, 고통과 아픔은 피조물에 의해 피조물에게 가해지는 것이다. 게다가 우리가 기술해 왔던 여러 차원의 사회가 나름대로의 '삶'을 살기 때문에 사회적 구조 안에서 조직적으로 가해져 왔고 축적되어 온 개인들의 고통은 보다 높은 정도의 고통을 가져온다. 각각의 차원에서 발생하는 이 모든 고통은 출산 때의 신음처럼, 창조된 세계도 신음하고 있다는 바울의 생각 속에서 다루어진다.

악은 하나의 피조물에 의해 다른 피조물에게 가해지는 고통으로서 창조의 현재적 질서 속에 본래부터 있는 듯하다. 그러나 우리는 하나님의 샬롬을 바라기 때문에, 어느 부분에서 고통을 의식하든지 간에, 그것을 경감시키도록 애쓰게 된다. 우리의 진화과정을 살펴보면 먹기 위해 동물을 죽일 때 고통을 경감시키려는 노력 속에 그러한 관심이 드러난다. 어떤 점에서 그것은 우리의 생계를 위해 동물을 죽이는 것으로부터 인류가 자유롭게 되는 것을 의미할 수도 있다. 오늘날 그것은 삼림의 파괴에 대한 걱정 즉 진실된 고뇌를 의미한다. 장래에 그것은 한편으로는 전 세계적인 대규모 인구증가를 유지하면서, 우리가 자연과 어떻게 협력할 것인가를 이해하는 것을 의미할 수도 있다.

예수 그리스도를 통한 구원을 갈구하는 기도는 지상의 생명체들이 견디고 있는 모든 영역에서 발생하는 고통을 우리가 받아들여 자비하신 하나님의 창조력을 통해 구원될 수 있도록 하는 것이다.

이와 같이 우리 자신의 기도를 통해 우리는 저마다 하나님이 다시 임마누엘이 되시고 창조적인 생각으로 현시되며 자신이 만드신 세계를 구원하는 창조적인 행위를 하실 수 있는 중재자가 된다.

우리가 중재자가 될 수 있는 잠재력을 가진 존재라는 맥락에서 다른 모든 피조물과 관계를 맺는 사람들에게 그리스도는 누구인가라고 물을 때, 이 질문은 의미심장하게 된다. 우리가 '하나님이 우리와 함께 계시다'는 '임마누엘'의 확신을 갖고 그리스도께 접근할 때, 그때 우리 각자는 고통받는 세상을 구원하시는 생각과 행동으로써 하나님이 태어나실 수 있는 출구가 된다. 하나님은 우리의 마음과 정신 그리고 육체에서 기억되기를 원하신다. 그리고 그분은 삶을 더 변화시키고 하나로 연합할 수 있는 힘이 우리의 마음, 정신 그리고 육체에 부여되기를 원하신다. 우리가 우리의 내적 기도 속에서 그리고 외부 세계에서 예수 그리스도에게 접근할 때 우리가 의미하는 것이 바로 이 모든 것이며 그보다 훨씬 더한 것이다.

헤시케이즘의 영과 끊임없이 기도하는 영은 같은 영이다. 그것은 만물 안에서 하나님을 보는 영이다. 모든 곳에서 임마누엘을 구별하는 영이다. 그것은 존재하는 모든 것 안에 생명을 부여한 영이라고 요한의 복음서에 의해 기술된 그리스도의 의미를 발견하는 영이다. 이와 같이 우리는 또한 순례자의 길에 나타난 러시아 농부가 발견한 것을 알게 된다. 그 책에서 농부는 항상 어디서든지 예수기도를 한다. 이 끊임없는 기도는 우리로 하여금 모든 곳에서, 우리 자신의 마음과 심장의 가장 깊은 속에서, 그리고 사회적 정치적 삶이 요청되는 곳에서 하나님과 친밀하게 되도록 할 수 있다. 우리가 추구하는 것은 바로 우리의 내적 외적 세계의 완전한 변형을 통해 샬롬으로 들어가는 것이다.

예수 그리스도와의 관계 회복

서양인들에게 있어서 예수 그리스도와 관계된 영역보다 더 많은 어려움을 겪게 하는 영역은 없다. 우리가 우리 자신을 교회라는 울타리 안에서 고려해 보든지 그 울타리 밖에서 고려해 보든지 간에, 이 역사적이고 우주적인 인물을 둘러싸고 우리의 대다수가 아직 끝내지 못한 일들이 많이 있다. 비그리스도인 뿐 아니라 목회자와 평신도들을 대상으로 예수기도를 소개했을 때, 나는 이 기도가 몇몇 사람들에게 매우 많은 어려움을 일으킨다는 것을 배웠다. 교회와 목사, 장로와 같은 교회의 대표자들이 우리에게 준 상처 때문에, 혹은 유년기나 청년기를 지나며 예수 그리스도에 대한 사고가 정체되었기 때문에, 우리는 예수를 통해 기도할 때 거부감을 느끼게 된다.

예수 그리스도에 대해 우리가 자유롭게 생각할 수 있으려면, 그는 여러 모습을 가지고 있다는 것을 깨달아야 한다. 삶의 각기 다른 순간에 우리는 예수께서 지니신 어떤 모습 혹은 다른 모습을 필요로 하게 될 것이다. 내 스스로의 경험과 다른 사람과 함께 겪은 경험에 근거해서 나는 개인적으로, 예수 그리스도는 서양인들에게 자기(Self)에 대한 주요한 상징이라고 말하고 싶다. 그분은 우리가 열망하는 온전함(wholeness), 즉 인간의 육체 안에 하나님이 구체화됨으로써 얻게 되는 온전함뿐만 아니라 내적 외적 관계의 온전함을 진실로 구현한 분이다.

그분이 남성이라는 것은 여성들과 남성들에게 비슷한 문제를 야기시킨다. 그분의 메시지가 역사적으로 전수되어 온 성경에 분명하지 않다는 것은 또 다른 어려움을 제기한다. 이러한 한계에도 불구하고 우리는 많은 양상 속에서 자기를 온전히 구현한 예수를 볼 수 있다. 만일 그리스도가 자기의 상징이라면, 그의 여러 모습은 각기 다른 시기에 명료하고 도전적인 방식으로 우리에게 이야기하기 위해 자기(the self)가 입고 있는 겉옷과 같다. 자기가 지닌 이 능력 있는 상징을 회복하기 위해, 나는 성경과 교회전통에서 그가 입은 다양한 모습가운데 몇몇을 열거하고 싶다.

성경에 보면, 예수는 무엇보다도 고아로 나타나신다. 우리는 아기로서, 고아에게 있는 잠재력으로서, 그리고 성년이 될 때까지 우리가 돌봐 주어야만 하는 아이로서의 예수와 관계를 맺을 수 있는가? 위대한 그리스도교 사상가인 피에르 떼이야르 드 샤르댕(Pierre Teihard de Chardin)은 평생 고아로서의 예수에 대해 묵상했다고 한다.

지식과 이해, 힘과 꿈을 가지고 성장하는 젊은이로서의 예수의 모습이 있다. 우리는 이미 오래 전부터 이러한 예수의 모습에 대해 생각해왔다. 성전에서 가르치는 어린아이로서의 예수는 유년기, 청년기에 있는 우리에게 영감을 줄 수 있다. 중년기나 노년기에 있는 사람에게 젊은이로서의 예수와 다시 관계를 맺는 것은 어떤 의미를 띨 수 있을까? 우리는 젊은이로서의 예수에 대해 묵상함으로써 젊음의 활력을 되찾고 커다란 이상과 인내력을 얻을 수 있다.

교사로서의 예수의 모습 또한 있다. 우리 시대의 많은 사람들은 이러한 모습으로서의 예수와 관계를 맺고 있다. 기적이나 십자가형(刑), 혹은 예수에 대한 전승 속에서 볼 수 있는 다른 역동적인 모습이 사람에게 의미를 가질 수 있든 그렇지 않든 간에 그의 가르침은 존중되고 높이 평가되어야 할 것이다. 교사 예수와 보다 효과적으로 관계하기 위하여 우리는 그가 가르치신 비유와 이야기를 다시 연구할 것이다. 우리는 우리 자신의 내적 경험 속에서 그분과 교제함으로써 그분으로 하여금 인격적 안내자와 지혜의 원천이 되시게 할 수 있을 것이다.

예수는 또한 치유자로서도 나타나신다. 병 고치는 이야기, 특히 상상력을 동원한 묵상을 통해 성경의 이야기를 생생하게 체험함으로써 우리는 내부의 그리스도를 각성시킬 수 있고, 그분을 우리 안에 능력 있는 사랑과 찬란한 치유의 중심으로 삼을 수 있다. 그리고 우리가 다른 사람들의 치유를 위해 기도를 요청 받을 때, 우리와 함께 계시는 치유자 예수께 간구하는 법을 배울 수도 있을 것이다. 가장 단순하고 아마도 가장 능력 있는 치유기도에 대한 전통적 방법은, 치유자 예수가 우리를 통해 임재하시도록 초청하고 다른 사람을 위해 기도하면서, 손을 단순히 고통받는 사람에게 올려놓는 것이다.

예수는 또한 내적으로 투쟁하며 살았던 기도하는 개인으로서 나타나신다. 예수께서 세례를 받으시고 하나님의 복을 받자마자 그 다음 장면에서 성경에서 가장 시사적인 구절 가운데 하나가 나타난다. "성령이 곧 예수를 광야로 몰아내신지라. 광야에서 40일을 계셔서 사탄에게 시험을 받으시며 들짐승과 함께 계시니 천사들이 수종들더라"(막1:12, 13).

예수께 영혼의 질문은 낯설지 않았다. 여기서 우리는 예수께서 하나님 앞에서 진정한 삶을 살려고 투쟁하는 우리들의 동료요 친구가 되신다는 사실을 발견할 수 있다. 몇 번이고 되풀이하여 그분은 자신이 직면한 어려운 결정을 내리기 위해 기도하러 물러나신다. 그분은 내면의 삶을 완성하신 실례이다.

친구 나사로의 죽음에 대해 우시고, 마리아와 마르다와의 우정에 응답하는 친구요 동료이신 예수도 볼 수 있다.

우리는 또한 성전에서 금전을 거래하는 사람들의 탁자를 뒤엎었던 사회개혁자로서의 예수도 만난다. 그분은 그 시대에 사회적으로 버림받은 자들과 접촉하신다. 그분은 우리에게 피할 수 없는 도전을 주신다. "너희가 여기 내 형제 중에 지극히 작은 자 하나에게 한 것이 곧 내게 한 것이니라"(마25:40). 그대가 굶주린 자를 먹이고 벗은 자를 입히고 갇힌 자를 초청하면, 그대는 그것을 예수께 하는 것이다.

예수는 하나님께 신실하셨기 때문에 결국 십자가에 처형되어 죽은 분이다. 그는 우리가 고통 받았기 때문에 고통 받으셨고, 우리의 비애를 나누어 가지셨고, 우리의 슬픔을 짊어지신 분이다. 그는 인간이 고통으로 괴로움을 당하는 바로 그곳에 계셨기 때문에 자유롭게 자비를 베푸실 수 있다.

예수는 죽음의 장애를 극복하고 부활하신 분이며, 지옥으로 내려가서, 심지어는 인간의 삶과 죽음의 제약을 초월하여 우리를 구원하신 분이다. 그는 하나님의 영원한 모습으로 우리를 이끌기 위한 입구이다.

마지막으로 우리는 그분에게서 역사의 주(主)로서의 모습도 볼 수 있다. 그분은 지상 역사 속의 시간과는 무관하게, 그 자신이 세웠던 역사의 신기원 너머로부터 우리에게 도전을 주시고 우리를 구제하는 진리의 검(劍)을 들고 오신다.

성경에서 놓치고 있는 것은 친밀한 예수, 연인으로서의 예수, 배우자로서의 예수이다. 우리는 예수가 그의 가족의 일원으로서 충실했다는 것을 안다. 그분은 십자가에 달려서도 어머니에게 관심을 갖는 아들이셨다. 그러나 우리는 그분을 친밀하게 보지 않는다. 신비 전통에서는 예수를 연인과 배우자로 봄으로써 이러한 결핍된 부분을 채워왔다.

성 테레사는 다음과 같이 말하고 있다. "때때로 한 방식으로, 다른 때는 다른 방식으로, 아버지나 형제 혹은 주 아니면 배우자와 이야기하듯 그와 이야기하라. 그는 그대에게 그대가 그를 기쁘시게 해드리기 위하여 해야만 하는 것이 무엇인지 가르칠 것이다."(카바노프 & 로드리게즈, 1980, 141). ≪영혼의 성≫에 나타난 신과의 합일에 대한 이미지(image)을 표현하기 위해, 그녀는 약혼, 서약 그리고 결혼과 같은 언어를 사용한다(같은 책, 335-452). 예수에 대해서도 이러한 이미지를 사용해 온 사람들이 있다. 예를 들면, 요한 웨슬레는 다음과 같이 열광적이고 헌신적으로 예수를 묘사를 하고 있다 (1707-88).

예수, 내 영혼의 연인이여
나로 하여금 그대의 품으로 날아가도록 해주오,
점점 가까이로 바다가 넘실거리며 다가오는 동안

격동이 아직 고조되어 있을 동안.
나를 숨겨주오, 오 나의 구원자여, 숨겨주오
인생의 폭풍이 지나갈 때까지.
피난처로 안전하게 인도해주오.
오, 이제 내 영혼을 받아주오.(1964)

이와 같이 우리가 예수께 접근할 때, 우리는 어떤 식으로든 가장 자비롭게 우리와 관계 맺을 수 있는 여러 면을 지닌 상징에 접근하는 것이다. 우리가 예수기도를 훈련할 때, 이것이 우리를 인도해 줄 원리이다.

예수 기도 훈련

그대가 예수기도 훈련을 시작할 때, 우선 예수 기도의 역사적 형태에 얼마간의 시간을 할애하라. 그럼으로써 그것이 직접적으로 그대에게 말하고 있는지 아니면 이용하기에 많은 어려움을 느끼게 하는지를 확인해 보라. 결국, 이 기도의 의도는 하나님과 합일됨으로써 변화되는 것이다. 만일 예수기도의 원래 형태에서 우리가 지나치게 큰 정신적 거부감을 느끼게 된다면, 우리는 그것을 통해 헤시케이즘을 발견하는데 어떤 도움도 받기는커녕 오히려 혼란만 얻게 될 것이다.

그러나 한 번 그대의 마음을 이 구절로 돌려 "하나님의 아들, 주 예수 그리스도시여, 죄인인 나에게 자비를 베푸소서"라고 기도해 보라. 기도 구절과 그대의 호흡을 일치시켜라. 그대의 상상력을 동원해서 예수 그리스도의 모습을 그려라. 그 인물이 그대 앞에 서 계시거나 앉아 계시게 하라. 그대 자신이 때때로 그리스도와 하나가 되게 해라. 예수기도를 통해 하나님의 창조적 본질과 직접 대면하라. 때때로 눈을 감고 앉은 자세로 예수기도를 훈련하라. 예수기도를 하면서 산책을 하든지 다른 형식의 육체운동을 하며 예수기도를 훈련하라. 각각의 모든 사물가운데에서 그리스도를 찾고 있다는 관점으로 그대의 세계를 바라볼 때, 어떤 차이가 생기는지 주목하라.

그대가 예수기도를 변형시키려면, 그저 그대에게 가장 의미 있는 예수의 이미지를 찾으라. 그러면 그대의 기도 내용은 '주'로서의 예수보다는 오히려 형제, 친구, 배우자, 연인, 사회개혁자, 치유자, 선생, 젊은이, 아니면 우리가 탐구해 왔던 풍요로운 관계 속의 다른 누군가로 나타난 예수에게 초점이 맞추어지게 될 것이다.

내가 예수기도를 가르치고 있을 때, 신학대학의 어떤 학생이 예수와 관계를 맺음으로써 그에게 일어났던 투쟁에 대해 이야기했다. 나는 그에게 상징적 의미를 갖는 무엇인가를 생각해 보라고 요구했다. 그는 잠시동안 생각한 후에 물이 자신에게 있어서는 능력의 상징이 된다고 대답했다. 그리고 나서 조금 더 지난 후에, 그는 다음과 같이 기도했다. '생수가 되시는 예수여, 나를 통해 흐르소서.' 예수기도의 핵심은 가장 직접적으로 우리를 하나님의 본질과 관계하도록 인도하는 표현을 발견하는 것이다.

만일 예수의 남성 이미지가 너무 혼란스럽거나 만족스럽지 못하다면, 우리는 로마카톨릭과 동방정교회가 보유한 헌신의 대상으로서의 마리아에 대한 풍부한 전통을 상기할 수 있다. 동방정교회에서 마리아는 '하나님의 어머니(theotokos)'로 이해되었다. 얼마나 놀랍고

자유로운 묵상인가? 하나님은 인간이라는 형식을 통해 태어나셨다. 우리는 내부로부터 우리 자신의 안내를 받아 신적 창조의 기쁨의 중심으로 우리를 이끌도록 '거룩한 이름에 대한 기도'를 발전시킬 수도 있다.

> 하나님의 아들, 주 예수 그리스도시여,
> 죄인인 나에게 자비를 베푸소서.

우리는 예수기도의 역사적인 형식을 다시 긍정하게 된다. 죄와 고통이라는 인간의 조건은 극복될 수 있다. 은총은 풍부하다. 하나님은 직접적으로 경험될 수 있다. 7세기의 문서인 ≪애선서(愛善書)≫에는 우리가 예수기도를 통해 발견할 수 있는 내적 경험의 유형이 기록되어 있다. 성 막시무스(d. 655)는 이렇게 쓰고 있다.

최고의 상태에 이른 순수한 기도에는 두 가지 형식이 있다. 첫째로 사람이 자신의 마음을 가다듬고 모든 세상 생각으로부터 그것을 자유롭게 하여 혼란이나 방해받지 않고 마치 하나님 그분이 자기 앞에 계셨던 것처럼, 그리고 정말 그가 계신 것처럼 기도하면, 그것이 최고의 상태에 이르렀다는 표지가 된다.

두 번째 표지는 기도를 할 때 바로 그 속에서, 하나님의 무한한 빛으로 인해 기쁨을 느끼게 된 마음이 그것이나 다른 피조물에 대한 모든 감각을 잃은 채 사랑을 통해서 이러한 빛을 그 안에서 만들어내시는 그분만을 홀로 의식하는 때이다. 이 상태에서 하나님에 대한 말씀을 이해하려 한다면, 그는 하나님에 대한 순수하고 명료한 지식을 얻는다.(카들르보프스키 & 팔머, 1954, 299-300)

우리는 예수기도 혹은 거룩한 이름에 대한 기도와 더불어 예수, 성령의 이름을 부르는 형태로 우리 앞에 계신 하나님과 더불어 기도훈련을 시작한다. 그러면 기도 중간에 우리가 형식을 초월하여 '한없는 하나님의 빛'으로 들어가고 있다는 사실을 발견할 수 있을 것이다. 이러한 은총의 상태가 임하면, 우리가 해야할 것이라고는 그저 고요 속에서 하나님이 우리의 원기를 회복시켜주시기를 받아들이고 경험하는 것이다.

만일 그러한 상태로 들어가지 못한다면, 우리는 우리의 관심을 필요로 하는 다른 영역이 있다는 것을 하나님이 우리에게 보여주고 계시는 것인지도 모른다고 생각하면 된다. 그래서 우리는 기도와 묵상을 할 때마다 우리를 바쳐 그분의 새로운 탄생의 도구가 되게 한다. 기도라는 행위를 통해서 우리는 거듭 하나님의 '어머니'가 된다.

제7장

센터링기도

　≪무지의 구름(The Cloud of Unknowing)≫(Johnston, 1973)은 무명
의 저자에 의해 저술된 14세기의 문헌이다. 이 책은 서양 명상문학
의 고전 가운데 하나로 이미지를 사용하지 않고 관상을 하는 사람
들을 위해 특별히 쓰여진 책이다.

　'아포파틱(apophatic)'이란 말은 이미지가 없다는 뜻이다. 지금까지
우리가 살펴본 묵상은 카타파틱(kataphatic) 또는 이미지를 가지고 하
는 묵상이라고 크게 특징지어 말할 수 있다. ≪무지의 구름≫에서
는 렉티오 디비나의 네 단계 중 관상의 단계를 다루고 있다. 그 책
은 또 우리를 하나님의 한없는 빛 가운데로 인도하는 예수기도도
다룬다. 따라서 이 책은 상당 기간 훈련을 거친 묵상가를 위해 쓰여
진 것이라 할 수 있다. 그러나 이 책의 서문에는 보다 많은 애정을
쏟으며 인생을 살아가려고 노력하는 사람들을 위한 다음과 같은 초
대의 글이 있다.

　그러나 실천에 강하고 겉보기에는 행동적인 사람이라 할지라도,

그가 성령의 도움을 받아 관상을 할 의사가 있는 사람이라면 그러한 이들은 이 책에서 무언가 얻을 수 있을 것입니다. 관상가들처럼 계속해서 꾸준히는 아니더라도 관상에서 얻어지는 심오한 그 무엇을 추구하기 위해 때때로 관상을 즐기는 사람들, 만일 그러한 사람이 하나님의 은총으로 이 책을 읽게 된다면 참으로 많은 영감을 얻을 것입니다.(44/56)[1]

≪무지의 구름≫의 핵심 내용은 이 한 문장 안에 모두 담겨져 있다. "사랑에 대한 관상 그 자체를 통해 그대는 그대가 가진 모든 죄의 뿌리를 점차 치유 받게 될 것이다." 이 진술을 통해 우리는 본문에서 제시하는 관상훈련의 핵심이 무엇인지를 알 수 있고, 아울러 우리가 능숙한 관상가이든 그렇지 않든 간에 우리의 내적 외적 삶에서 그 의미를 발견할 수 있는 기회도 제공받는다.

≪무지의 구름≫에 기술된 관상 훈련은 최근에 수도사인 토마스 키팅(Thomas Keating)과 바실 패닝턴(Basil Pennington), 그리고 다른 사람들에 의해 대중화되었다. 이들이 사용한 기도에 대한 용어가 '센터링 기도(centering prayer)'(페닝턴, 1980)이다. 편의를 위해서, 나는 우리가 이 방법을 살펴보는 동안에 '센터링 기도'라는 용어를 사용할 것이다.

---

1) 역주― 저자는 윌리엄 존스톤(William Johnston)이 편집하고 서문을 단 판본을 인용한다. 반면 역자는 "무지의 구름" 본문의 인용인 경우, 대부분 정성호가 번역한 클리프톤 월터스(Clifton Wolters)의 한글본을 사용했다. 그런 이유로, 괄호안 앞의 숫자는 존스톤 본의 페이지를 가리키고, 뒤의 숫자는 한글 번역본을 지시한다.

센터링기도에서는 아는 것과 사랑하는 것이 다르다는 점을 이해하는 것이 매우 중요하다. 저자는 이 원리를 다음과 같이 표현하고 있다.

모든 이성적 존재, 즉 천사와 인간은 두 가지 능력을 지녔는데, 그 첫째가 지식의 힘이요, 그 둘째가 사랑의 힘입니다. 그러므로 지식의 힘에만 의존하는 지식인들에게는 그들을 만드신 하나님이 영원히 몸을 감추시지만, 사랑의 힘에 의존하는 독립된 개개인에게 하나님은 완전히 그 모습을 드러내십니다. 모든 영혼의 갈증을 채우시고도 남을 하나님은 사랑이 충만한 사람에게만 그 모습을 나타내십니다. 이것이야말로 영원히 계속될 사랑의 신비이자 기적입니다. 그리고 이것이 바로 하나님이 역사하시는 방식이며, 앞으로도 영원히 그렇게 하실 것입니다. 만일 하나님의 은총으로 그대도 그렇게 할 수 있게 된다면, 이 점을 명심하도록 하십시오. 사랑의 기적을 아는 것은 끝없는 축복이요, 그렇지 못한 경우는 끝없는 고통의 연속입니다(50/70-71).

센터링기도를 통해 우리는 형상을 초월한 하나님께 접근한다. 이때 우리가 접근하고 있는 하나님은 근거가 되는 본질, 모든 사물의 창조적인 잠재력, 사물이 아닌 분이다. 우리는 지식을 초월한 영역으로 들어간다. ≪무지의 구름≫의 저자는 이 신적인 근거가 지식이 아니라 사랑을 통해서 이해될 수 있다고 보았다.

이와 같이 센터링기도는 마음이 하는 일이며 본질적으로 감정과 관계된 작업이다. 사랑에 대해 관상함으로써 사람은 가장 포착하기 어려운 모든 행동 동기들까지도 사랑으로 변화시킨다. 우리의 다양한 행동 동기를 가려내지 않아도, 또 파괴적이고 인생을 부정하는 경향을 지닌 우리의 습관적인 생각이나 감정을 근절하지 않아도, 우리는 센터링기도를 통해 그러한 것들을 모두 사랑의 힘 앞으로 가져간다. 이 관상적인 사랑이 '힘'이다. 그것은 실제로 느낄 수 있는 힘이고 접촉한 모든 것을 변형시키는 에너지이다. 우리는 관상적 사랑을 우리 내부로부터 흘러나와 우리가 상상하거나 느끼거나 생각하거나 만날 수 있는 모든 대상을 축복해주는 신적인 궁휼이라 말할 수 있을 것이다. 우리가 사랑을 관상할 때, 모든 죄의 뿌리가 근절된다. 왜냐하면 그것은 모든 소외를 극복하기 때문이다. 그것을 통해 우리는 연민을 느끼시는 하나님의 본질적 자비 앞에 모든 것을 갖다 놓게 된다. 그것은 우리에게 죄를 압도하는 축복을 가져다 준다.

저자에 따르면, 사랑의 이러한 내면적 작업이 외부적으로는 화해를 불러온다.

:

사랑은 소극적으로는 모든 죄악의 근본과 뿌리를 부수며, 적극적으로는 모든 선한 것을 포용합니다. 그러한 사랑이 있는 곳에는 다른 모든 선한 것들이 진정으로 완전하게 그리고 분명하게 그 안에 포함되어 있습니다. 그리하여 견고한 의지가 흔들리지 않게 되는 것입니다. 물론 사랑이 없이도 사람은 선한 것들을 지닐 수 있습니다. 그러나 사랑이 없는 선함은 때묻고 뒤틀린 것으로서, 결국 완전하지 못한 것입니다.

선함이란 결국 오로지 하나님만을 위해서, 하나님께로 향하는 정돈되고 분별 있는 애정 이외에 아무것도 아닙니다. 왜냐하면 하나님 자신이 모든 선하심의 근원이시기 때문입니다. 만일 누군가가 여러 가지 복합된 동기에서 어느 특정한 한 가지의 선만을 추구하려 한다면, 하나님이 그 주된 동기가 된다 하더라도 그러한 선은 불완전한 것임에 틀림없습니다. 우리가 예로서 한 두 가지를 선택한다면 이것을 알 수 있습니다. 이 두 가지 선은 사랑과 겸손입니다. 사랑과 겸손을 함께 지닌 사람은 다른 선을 필요로 하지 않습니다. 그는 모든 것을 지니고 있기 때문입니다.(64/89-90)

사랑에 대한 관상훈련도 내면 기도의 특별한 방법이라 할 수 있지만, 그 효과는 지속적이다. 따라서 우리는, 우리가 맺고 있는 모든 관계 속에서 그리고 우리가 무언가를 깨달을 때마다 쉬지 말고 기도하는 한 가지 형식으로서 사랑에 대해 관상을 하는 것이 좋다.

그렇다면 센터링기도라는 관상훈련은 어떤 것인가? 나는 이것을 충분히 설명해 줄 수 있는 본문을 제시할 것이다. 그리고 나서 관상 기도의 한 가지 방법으로서의 센터 기도훈련에 대해 부연할 것이다.

저자는 이것을 전문적인 묵상훈련이라고 말하고 있다. 그는 정신적 영역에서부터 우리의 관심을 돌려 사랑에 대해 '소박한' 태도를 취하라고 지시한다. 그의 요점은 하나님이나 관상적 사랑에 대해 생각하는 것만으로 그것이 직접 경험되지는 않는다는 것이다. 게다가 지성은 이것저것 따지기를 좋아한다. 그래서 하나님처럼 선하신 분에 대해 사유한다 할지라도, 결국 지성은 궁극적으로 우리가 하나님을 직접 체험하는 것을 어렵게 한다. 그는 이 모든 것을 지성이 하는 활동이라 부른다.

저자는 우리가 센터링기도로 들어가기 전에 이미 이러한 종류의 지성적 작업을 했다고 생각한다. 이것이 그 훈련을 전문적인 훈련이라 부르는 이유이다. "자신의 비천함, 우리 주님의 수난, 하나님의 사랑과 선하심, 위대하심에 대해 묵상하지 않고서는 어느 누구도 관상의 단계로 들어가기를 기대할 수 없을 것이다."(56) 이러한 이유로 우리는 그리스도교 묵상훈련을 논의할 때, 센터링기도를 마지막으로 다루는 것이다. 우리가 이미 성경에 대해 묵상하는 법을 배웠고, 상상력을 가지고 성경을 이용함으로써 우리 자신의 죄와 질병의 조건에 대해 깊이 생각했 보았으며, 예수기도를 통해 그리스도와 우리의 관계를 살펴보았다는 점에서 센터링기도를 위한 근거는 이미 마련되었다.

저자는 계속해서 다음과 같이 가르친다.

．

마찬가지로 많은 수련을 한 사람도 그와 하나님 사이에 있는 무지의 구름을 뚫고 들어가려면 그와 같은 생각을 떠나 그 생각을 망각의 구름 속으로 깊이 파 묻어버려야 합니다.

그러므로 하나님의 은총에 의해서 그분이 그대를 이 작업에 부르시고 계신다고 느낄 때, 그리고 또 그대가 그분의 부르심에 응답하고자 할 때, 겸손한 사랑으로 그대의 마음을 하나님께로 향하십시오. 그리고 그대를 만드시고, 구원해주시고, 그대를 이 자리까지 부르신 그분만을 생각하십시오. 그분에 대해 그 밖의 다른 생각은 하지 말도록 하십시오. 모든 것은 그대의 열망에 달렸습니다. 하나님을 향한, 그리고 그분 한 분만을 향한 꾸밈없는 갈망이면 충분합니다.

그리고 그대의 갈망을 한 마디의 언어로 축약하여 좀 더 쉽게 나타내고자 할 때에는 비교적 짧고 구체적인 단어 - 되도록이면 한 음절-를 택하여 표현하십시오. 성령의 역사를 잘 나타내기 위해서는 짧은 단어일수록 더 좋습니다. 예를 들면, '하나님'이나 '사랑'과 같은 단어가 적당합니다. 그대가 좋아하는 것을 선택하십시오. 아니면 다른 것을 택해도 좋습니다. 가능한 한 한 음절로 된 단어가 좋습니다. 그리고 그대가 선택한 단어를 마음 깊이 단단히 간직하십시오. 어떠한 일이 일어나더라도 그곳에 머물게 말입니다. 그 단어는 전쟁시나 평화시에 똑같이 그대의 창과 방패가 될 것입니다. 바로 이 단어가 그대 머리 위에 있는 구름과 암흑을 제거할 것입니다. 바로 이 단어가 다른 잡다한 생각들을 그대 발 아래에 있는 망각의 구름 밑으로 내리누를 것입니다. 그리고 그대가 찾고자 하는 것이 무엇인가 생각하려는 유혹에 빠질 때, 바로 이 한 단어가 충분한 대답이 될 것입니다. 그리고 그 단어의 의미에 대해 계속해서 관상하며 끊임없이 분석해 가면, 그대는 그 단어의 전체적 의미를 알게 될 것입니다. 부분적인 의미나 왜곡된 의미가 아닌, 그 단어의 진정하고도 포괄적인 의미를 깨닫게 될 것입니다. 그대가 열심히 관상을 계속하면 그와 같은 생각은 분명 사라질 것입니다. 어떻게 해서 그렇게 될 수 있느냐고요? 그것은 앞에서 우리가 말한 도움이 되는 묵상 속에 빠져들기를 거부했기 때문입니다(56/79-80).

구름에 대한 두 가지 이미지는 관상작업을 시작하기 위한 수단으로 단순하게 고안된 것이다. 본문의 다른 부분에서 저자는, 하나님이 어느 한 곳에만 계신다고 하며 그 곳을 가리키려는 어떤 시도도 부정확하다는 점을 분명하게 한다. 따라서 구름이라는 것도 하나님이 아래에 계신다기 보다는 위에 계신다든가 혹은 우리의 내부가 아니라 외부에 계신다는 것을 의미하지는 않는다. 그럼에도 구름이라는 이미지는 우리를 사랑에 대한 관상으로 이끌어, 그 속에서 우리가 치유작업을 매우 훌륭하게 시작할 수 있도록 해준다. 무지의 구름(the cloud of unknowing)은 또한 풍부한 성경적 의미를 함축하고 있다.

무지의 구름은 계시의 구름이다. 성경에 나타나는 핵심적인 순간들, 즉 하나님이 계시를 주실 때 그분은 구름 속에 계신다. 시내산에서 모세는 하나님이 율법을 계시할 때 구름 속으로 들어갔다. 변화산상에서 하나님께서 예수의 혈통을 드러내실 때, 그리고 모세와 엘리야와 교제하시는 동안에 예수는 구름에 의해 둘러 쌓여 있었다. 계시가 일어나는 신비적 장소로서 구름이라는 이 풍부한 이미지는 센터링기도 훈련을 위한 조건이 된다.

망각의 구름(the cloud of forgetting)을 통해 우리는 우리 마음에 있는 것을 '가도록 내버려두는(letting go)' 법을 배운다. 어떤 생각이 우리를 뒤흔들어 다툼을 일으키게 한다는 점을 발견할 때마다, 또 그것이 우리가 사랑에 대해 관상을 할 때 우리를 산란하게 한다는 점을 발견할 때마다, 우리는 그러한 생각에 대해 한 단어, 즉 우리가 묵상을 하기 위해 선택했던 그 한 단어로 대답한다. 그리고 그러한 생각을 망각의 구름에다 풀어놓는다. 단순하게 말하자면, 망각의 구름은 무지의 구름의 반대쪽이다.
저자는 우리가 관상적 사랑 속에 '거하는 법'을 배워 적나라하게 드러난 모든 갈망이나 하나님의 사랑을 깊이 경험하게 되기를 바란다. 그에 의하면 우리가 생각할 수 있는 모든 것, 우리가 상상할 수 있는 모든 것은 하나님보다 못하다. 이와 같이 우리는 마침내 다른 무엇도 아닌 사랑이라는 감정을 통해서 하나님을 만나게 된다. 망각의 구름은 '하나님을 향한 솔직한 의지, 그분만을 위한 열정' 이외에 다른 모든 것을 우리의 의식으로부터 풀어놓고자 하는 갈망을 표현해 주는 편리한 은유이다.

내가 이 본문을 읽고 훈련했을 때, 저자가 방법적으로 단어를 사용해서 묵상을 했다는 것이 내게 명백해 보였다. 관상적 사랑에 집중하기 위해 필요하다면 사람은 어떤 단어를 선택할 수 있을 것이다. 만일 그대가 사랑의 힘에 푹 잠겨있는 상태로 자신의 관심을 유지할 수 있다면, 그 단어가 꼭 필요하지는 않다. 그러나 그대가 어떤 단어를 사용하여 센터링기도를 훈련하는 것은 좋은 방법이 될 것이다. 때때로 그대가 경험하는 관상적 사랑이라는 감정의 깊이가 그 단어를 필요로 하지 않을 만큼 충분히 강하다는 것을 발견할 수도 있다. 나는 저자가 제안하는 방법이 이것이라고 생각한다.

이 부드러운 가르침에 주목하여 그대가 좋아하는 단어를 발견하라. 이를테면 '하나님' 혹은 '사랑'과 같이 한 단어이면 더 좋다. "그러나 그대에게 의미 있는 단어를 선택해라." 센터링기도 훈련을 시작하기 위해 어떤 단어, 한 단어 혹은 매우 짧은 구절을 선택할 때, 그대는 그대 자신과 또 존재하는 모든 것의 본질가운데 하나님이 되시는, 창조의·기쁨의 중심을 그대에게 상기시켜 줄 수 있는 것을 선택하라. 그리고 마음에 무슨 생각이 떠오르든지 그 단어로, 그리고 사랑에 대해 관상을 하고 있는 영혼으로 그것에 대답하라.
내가 읽어본 모든 영적 심리학적 서적 가운데 이보다 더 화해를 쉽게 해주는 진술은 없었다. 마음에 떠오르는 것이라면 그 어떤 것이라도 내버려두고 '하나님' '사랑' 혹은 우리 자신에게 활력을 주는 단어로 거기에 대답하는 이 사랑에 대한 관상작업을 통해 우리의 뿌리 깊은 죄가 치유된다. 나는 그대가 관상적 사랑이라 불리는 이 신적인 치유를 가능케 하는 힘을 체험하기를 원한다.

센터링기도를 시작할 때, 우리는 보통 눈을 감고 앉거나 눕는다. 그러면 그대 아래에 망각의 구름이 있다고 상상하라. 망각의 구름을 이용하여 그대 몸에 있는 긴장을 보내버리도록(letting go) 훈련하라. 망각의 구름을 이용하여 하루의 고된 일들을 보내버리고 그대 자신을 기도하는 순간으로 데려가도록 훈련하라. 그대가 무지의 구름에 의해 둘러싸여 있고, 이 구름이 그대의 몸과 마음과 정신과 영혼에 스며들어 있다고 상상하라. 그대가 가진 지식의 한계를 인정하고 하나님과 이 구름이 나타내는 삶의 신비를 받아들여라. 그대 자신으로 하여금 하나님께서 이 구름 속에서 오늘 그대에게 드러내실 것이 무엇인지 기대하며 기다리도록 하라. 그리고 나서 그대 마음에 사랑이라는 느낌, 하나님을 알고자 하는 갈망, 하나님과 긴밀히 연결되고자 하는 의지를 각성시켜라. 그대의 전존재(全存在), 전의식(全意識)이 이 사랑의 간절한 느낌에 푹 잠기도록 하라. 그대가 관상적 사랑을 지속적으로 유지할 수 있도록 해 주는 단 한마디의 단어 혹은 짧은 구절을 그대의 내적 음성으로 부드럽게 천천히 반복해 말하라. 사랑에 대한 관상을 시작하라. 그대 마음에 무슨 생각이 떠오르든지, 이 말과 하나님을 향한 사랑의 열망에 사로잡혀 있는 영혼으로 대답하고, 그리고 나서 가능하다면 그것을 망각의 구름 속으로 보내버리라. "그대의 열정어린 사랑의 화살로 하나님과 그대를 가로막고 있는 무지의 구름을 쏘십시오…"(63/88).

'전적으로 하나님의 일인 사랑을 각성'(83)할 수 있도록 조속히
센터링기도를 훈련하라.

> 아마도 그분께서는 그러한 순간에 영적인 빛을 발하셔서 그대 사
> 이에 놓여 있는 무지의 구름을 뚫고 그분의 비밀을 약간 보여주실
> 것입니다. 그것은 말로 표현할 수도 없으며, 또 그것에 대해 말을
> 해서도 아니 되는 그러한 비밀인 것입니다. 그러면 그분이 던지신
> 사랑의 불과 그대의 애정의 불꽃이 함께 타오르는 것을 느끼게 됩
> 니다. 그것은 내가 말할 수 있는 훨씬 그 이상의 것입니다. 왜냐하
> 면 무딘 입술로 온전히 하나님께 속한 것을 감히 이야기할 수 없다
> 고 생각하기 때문입니다(84/112-13).

센터링기도 훈련은 형용할 수 없는 사랑을 경험케 해주는 하나님
의 마음으로 우리를 인도한다. 우리는 하나님을 '원초적 사랑'으로
경험한 단테(Dante) 혹은 '신적인 무한한 빛'이라고 경험한 성 막시
무스(St. Maximus)를 떠올릴 수 있다.

센터링기도를 통한 변화작업

센터링기도 훈련이 우리 삶에 끼치는 효과를 보면, 중세문학에서
인간 생명의 존엄성을 가장 힘있게 묘사한 글 가운데 하나가 이 저
자가 쓴 것이라는 것을 기억하게 될 것이다.

> 모든 물질적인 것은 그대 영혼 밖의 것이며, 자연의 순위에 있어
> 서 영혼보다 열등한 것입니다. 이것은 태양과 달, 별들이 그대 육신

의 위에 있을지는 모르지만, 그대 영혼보다 아래에 있다는 뜻입니다.

천사와 영혼들이 아무리 은혜와 덕성이 넘쳐서 강하고 아름답고 순수하다 하더라도, 자연의 순위를 따져 보면 그대와 같은 수준의 존재들입니다.

그대의 영혼은 자연적 순위의 부분으로서 다음과 같은 기능들로 구성되어 있습니다. 세 가지 주요 기능은 마음, 이성 그리고 의지이며, 부차적인 두 가지 기능으로는 상상력과 감각이 있습니다. 그러므로 하나님 한 분을 빼고는 이 우주 속에서 그대 자신보다 높은 존재는 아무 것도 없습니다.

영적 생활에 관한 책에서, '그대 자신'이라는 단어는 그대의 영혼을 의미하는 것이지, 그대의 육신을 의미하는 것은 아닙니다. 그대의 영적 기능들이 참여한 목적에 따라 그대가 행하는 일과 그 질이 결정됩니다. 그대보다 열등한가, 우등한가, 같은 수준인가를 평가받게 되는 것입니다.(129/165-66)

이와 같이 《무지의 구름》의 저자에게, 한 개인 안에 있는 사랑에 대한 관상작업은 그 개인을 통하여 모든 창조된 우주로 확대된다. 마음, 이성, 의지, 상상력, 감각과 같은 영혼의 기능을 통해서 우리는 존재하는 모든 것과 관계를 맺게 된다는 것이 저자의 믿음이다. 우리 자신의 내면의 삶에 있어서, 사랑에 대한 관상훈련을 통해 우리는 우리가 관계한 모든 차원의 관계를 우리의 마음으로 가져와 하나님의 사랑으로 유지할 수 있게 된다. 이러한 이유로 저자는 사랑에 대한 관상훈련을 통해 우리가 실질적 선(善)을 함양할 수 있다고 말한다.

우리가 하나님의 사랑 앞에 적나라하게 서있게 될 때, 어떠한 영역이 우리의 내면의 기도를 통해 문제로 떠오르는가? 그것은 관계의 문제이다. 이 내면의 문제는 과거와 현재의 여러 관계에서 비롯된 사라지지 않은 죄요, 풀리지 않은 갈망으로 부각될 것이다. 내면의 문제는 심리학적인 습관으로, 그리고 어린 시절부터 우리에게 쌓인 슬픔과 분노, 공포와 상처라는 콤플렉스로 부각될 것이다. 외적인 문제는 우리의 내면의 기도를 통해 드러날 것이다. 특히 소명이라는 문제로 부각될 것이다.

하나님은 우리가 도대체 어디에서 화해를 일구는 사랑의 봉사를 적극적으로 하라고 요청하고 계시는가? 우리가 내적 외적 삶에서 사랑에 대한 관상훈련을 할 때, 이 모든 것이 마음에 떠오를 것이다. 그 모든 질문과 문제에 대해 우리는 사랑이라는 한 마디로 대답할 것이다. 우리는 문제가 일어나는 모든 영역으로 신적인 통찰, 빛, 사랑, 그리고 축복을 가져갈 것이다.

≪무지의 구름≫은 우리의 영적 생활의 목적에 대해 다음과 같이 명백히 말하며 글을 맺는다. 저자는 성 어거스틴(St. Augustine)의 말을 인용한다. "선한 그리스도인의 전 생애는 거룩한 갈망 이외의 아무것도 아니다."(146) 센터링기도 훈련을 통해 우리는 모든 갈망, 즉 하나님에 대한 갈망, 우리의 무지의 장막을 꿰뚫는 하나님의 사랑에 대한 갈망, 우리가 어디서 봉사해야할지를 명백하게 알았으면 하는 갈망의 원인을 인정할 수 있게 된다. 거룩한 갈망, 즉 모든 피조물에 임할 하나님의 샬롬을 바라는 갈망이 센터링기도 훈련의 핵심이다.

우리의 영혼이 갈망하는 핵심적인 것은 그러한 일이다. 그러나 우리가 의식적으로 해내려면 그것은 너무 과중한 짐이 된다. 저자는 우리에게 닥칠 것 같은 투쟁을 알고 있다. 그래서 그는 관상적 묵상작업을 무거운 마음이 아닌 즐기는 마음으로 시작하라고 우리에게 제안한다.

우리의 주의를 특별한 방향으로 돌리려면, 우리는 주로 의지를 사용하게 된다. 의지는 '그대 영혼에서 제일가는 부분'이고 그것이 '발동하는 데는 매우 짧은 순간'으로도 충분하다.(49) 그래서 우리가 처음 센터링기도를 할 때 의지적으로 우리의 마음을 하나님께로 향할 수 있도록 훈련하는 데 약간의 관심을 기울일 필요가 있다. 그러나 그 방법을 통해 오히려 우리의 마음과 의지가 싸우게 되어서는 안될 것이다.

:

그리고 지나친 힘을 들이기보다는 뜨겁게 즐기는 마음으로 이 작업에 임하도록 하십시오. 그대가 즐거운 마음으로 열심일수록 그 작업을 통해서 더욱 겸손해지고 영적인 사람이 될 것입니다. 그러나 그 방법이 조야할수록 관상작업은 물질적이고 동물적인 것이 되어버립니다. 부디 조심할 것을 다시 당부합니다. 왜냐하면, 감히 관상의 높은 정상에 다다르려는 짐승은 돌과 함께 아래로 굴러 떨어질 것이기 때문입니다.(106-107)

저자는 즐기는 태도로 이 작업을 하라고 제안한다. 저자는 '기쁨으로 하나님을 사랑하는 법'에 대해 말한다.(107). 우리는 하나님과 함께 즐길 수 있는 관상의 장(場)으로 들어간다. "현세의 아버지와 아들이 그러하듯이, [주]는 어린 아이의 마음을 가지고 그에게 오는 자를 끌어안고 입맞추실 것이다."(같은 곳). "그리고 그대가 그 안에서 기쁨을 느낄 때까지 열심히 견뎌내라."(48)

내면을 향해 관상할 때, 우리는 가장 깊은 곳에 있는 고통과 참된 삶을 영위하기 위해 우리가 벌이고 있는 투쟁과 맞닥뜨린다. 저자는 우리에게 서로 다른 두 가지 종류의 제안을 한다. 그는 막달라 마리아를 관상가들을 위한 실례로 인용한다. 우리는 회개만 해서는 안되고, 실제로 기꺼이 우리 자신이 용서받고 또 관상적 사랑의 기쁨으로 돌아갈 수 있도록 해야 한다.

∴

아무리 이 세상에서 가장 비천한 죄인일지라도, 그/그녀는 진정으로 회개하고 관상적인 삶으로 부르심을 받을 수 있습니다., 자기 양심과 지도자의 승인 아래 이제 감히 하나님에게 자신의 겸손한 사랑을 바치고 하나님과 자신을 가로막고 있는 무지의 구름을 향해 비밀스런 도전을 하고 있다고 해서 스스로 다 이루어놓은 것처럼 생각해서는 안됩니다. 왜냐하면, 전형적인 죄인을 대표하는 막달라 마리아를 관상에로 부르시면서 우리 주님은 이렇게 말씀하셨기 때문입니다. '네 죄 사함을 얻었느니라.' 그것은 그녀가 몹시 슬퍼했기 때문이 아닙니다. 마리아가 자신의 죄를 몹시 걱정했기 때문도 아닙니다. 그리고 자신의 비천함을 묵상하면서 얻은 겸손 때문도 아닙니다. 오직 그녀의 사랑 때문에 죄의 용서를 받은 것입니다.(69)

마리아의 불행의 뿌리에는 우리의 불행의 뿌리처럼 잃어버린 하나님의 사랑이 있다. 마리아는 다른 모든 사람들이 저버린 주(主)를 그토록 깊이 사랑했기 때문에 구원받았다. "그녀는 사랑이 너무나도 깊은 나머지 그만 자신이 죄인이었다는 사실까지 곧잘 잊어버리곤 했다"(70). 관상적 사랑에 그렇게 푹 잠기면 우리의 죄의 뿌리가 제거된다. 그러나 하루하루 되풀이되는 우리들의 삶에 시기가 있는 것처럼, 관상기도를 훈련하는 데에도 시기가 있다. 우리는 우리에게 관상적 사랑이라고 하는 치유의 향유가 참으로 없을 때 관상기도를 훈련해야 한다. 심지어 우리 안에서 부드러운 사랑의 술렁거림조차 발견할 수 없을 때가 있을 것이다. 저자는 그러한 때에 겪는 우리의 경험을 부정하라고 하지 않는다. 그 대신에, 우리의 관심을 죄 그 자체로 돌려 거기에 관상의 초점을 맞추라고 한다. 우리는 이러한 시기를 통해 겸손을 경험적으로 배운다(89).

우리가 센터링기도 훈련에 실패할 때, 혹은 인생의 슬픔을 직접적으로 경험할 때, 그와 같은 암울한 묵상의 순간이 온다. 우리가 어떤 노력을 해도, 우리에게 분쟁을 일으키는 생각이 없어지지 않아서 사랑 안에 계신 하나님께로 갈 수 없을 때가 있을 것이다. 저자는 이러한 때를 대비해서 다음과 같이 제안한다.

:

세상 생각들을 지워버리는 일에 그대가 완전히 무력하다고 느낄 때는, 마치 전쟁에서의 포로처럼 그런 생각들 앞에 납작 엎드리십시오. 그리하여 그러한 생각들과 더 이상 싸우는 것은 우스꽝스럽다는 생각을 하도록 하십시오. 그렇게 하면 그대의 원수에게 자신을 내맡기는 것이 바로 하나님 앞에 무릎을 꿇는 것이며, 그대가 영원히 이겼다는 느낌을 얻게 될 것입니다. 나의 이 제안에 특별한 관심을 베풀어 줄 것을 다시 당부합니다. 왜냐하면, 그대가 이 방법을 시도한다면, 많은 어려움들을 극복할 수 있을 것이기 때문입니다(88-89).

우리가 최종적으로 죄의 깊숙한 곳에서 만나야하는, 그리고 신적인 사랑을 통해 극복해야하는 그 뿌리는 하나님의 사랑 안에 영원히 거하지 못한다는 비애, 우리의 마음이 지속적인 축복을 받고 있지 못하다는 비애이다. 우리에게 하나님의 그 신적인 빛이 와 닿아 형용할 수 없는 경험을 하게 될 때, 우리는 우리의 고통의 뿌리가 무엇인지 정말로 알게 된다. 이러한 시기에는 '죄'라는 단어에 대한 묵상을 하는 것이 '하나님'이라는 단어에 대해 묵상하는 것만큼이나 쓸모 있을 것이다.

> 누구나 슬퍼해야 할 일 한 가지 정도는 지니고 있습니다. 그러나 자기 자신이 누구인가를 알고 느끼는 사람이 제일 슬픕니다. 그것에 비하면 다른 슬픔들은 하찮은 것에 불과합니다. 왜냐하면, 그는 이제 자신이 어떠한 사람인가, 또 현재 자신이 어떠한 상태에 있는가를 알고 느끼면서 진정한 슬픔을 맛보기 때문입니다…. 한 마디로 말해서, 그가 지고 가는 짐이 너무나도 무거워 하나님을 기쁘시게만 할 수 있다면 자기에게는 무슨 일이 일어나도 좋다고 생각하게 됩니다…. 이러한 슬픔과 갈망은 다소 형태는 다르더라도 누구나 알고 겪어야 하는 것입니다(103-104).

나는 저자가 이 부분에서 우리를 인간이 겪고 있는 고통의 본질로 데려가고 있다고 생각한다. 우리가 피조물이라는 사실은 우리자신과 하나님 사이에 거리가 있다는 것을 의미한다. 우리의 마음에 균열이 있다는 것은 인간 실존에 대한 엄연한 한 가지 사실이다. 완전히 자아에 몰두함으로써 신적인 사랑의 기쁨을 느낄 수 있는 여지가 우리에게 거의 없다는 사실에서 비애를 느낀다는 점에서 우리는 근본적으로 치료받을 필요가 있다. 이 균열은 죄의 뿌리이다. 그 균열은 드러나 그로 인해 눈물이 흘려질 때라야 비로소 극복될 수 있다.

그러나 우리는 우리에게서 희망을 앗아간 이 실존적인 비애를 직시하지 않는다. 이 비애는 타인의 생명을 빼앗고자 하는 갈망 혹은 생명을 포기하고자 하는 갈망과는 같지 않다. 저자는 이 투쟁에 대해 다음과 같이 진술하고 있다.

:

그러나 이 모든 슬픔 가운데서도 그는 자신의 생존을 멈추고 싶다는 생각은 결코 하지 않습니다. 그것은 정말로 악마적인 일이고 하나님께 대한 모욕입니다. 그는 계속 자기 자신의 인식에서 벗어나고 싶으면서도 여전히 자신의 존재를 유지해나가길 바라며 한편으로는 그렇게 귀한 선물을 주신 하나님께 진정으로 감사를 드립니다…. 완전한 사랑 속에서 그분과 완전히 하나가 되도록 하십시오. 여기서 내가 말하는 완전한 사랑이란 이 현세에서 가능한, 하나님이 허락하신 만큼의 완전한 사랑일 뿐입니다(104).

각자에게 고유한 관상작업

우리는 각각 나름대로의 방법으로 관상적 사랑의 작업을 할 것이다. 어떤 사람에게 이것은 너무나 자연스러운 일이 될 수도 있지만, 다른 어떤 사람에게는 가장 어려운 일이 될 수도 있을 것이다. 아빌라의 성 테레사는 몇몇 사람을 실례로 들며 관상작업이 그들에게 너무나 자연스러워 단 한번의 경험으로 그들은 몇 년이나 기도로 투쟁해왔던 사람들을 따라잡는 것 같다고 했다.

≪무지의 구름≫은 두 종류의 관상가에 대하여 말한다. 하나는 모세와 같은 사람이다. 모세는 힘들여 산으로 올라가 계시의 구름으로 들어가야만 했다. 그는 거기서 하나님을 기다렸고 계시를 받았다. 그 후 어렵게 산을 내려왔지만, 그의 백성들의 그릇된 예배를 보고 계시의 판들을 깨뜨렸다. 그리고 나서 다시 한 번 모세는 힘겹게 산을 올라간다. 모세는 그의 형제 아론과 대조가 된다. 왜냐하면

제사장이었던 아론은 계약의 법궤가 있는 지성소로 들어가기만 하면 되었기 때문이다.

　모세가 궤를 보고 그것을 만드는 방법을 배우기까지에는 먼저 산꼭대기까지 올라가는 길고 힘든 노력을 해야만 했으며, 그런 다음에 산꼭대기에 머물러서 구름 속에서 엿새 동안을 일해야 했으며, 이레째가 되어서야 겨우 하나님이 임하셔서 궤를 만드는 방법을 일러주셨던 것입니다. 모세의 길고도 열심 있는 노력과 그가 받은 지연된 환상은, 힘들고 오랜 기초작업을 거치지 않고서는 완전한 관상작업에 도달할 수 없는 사람들을 상징하고 있습니다. 그러나 오랜 힘든 작업 뒤에도 작업을 성취하는 것은 매우 드문 일로서, 하나님의 임하심에 달려 있습니다.

　모세는 아주 힘든 노력 끝에야 겨우 하나님을 만나 뵐 수 있었지만, 아론은 다릅니다. 아론은 그의 직무 덕분에 그가 원할 때마다 들어가는 휘장 뒤의 지성소에서 하나님을 뵈올 수 있었습니다. 그리하여 아론은 내가 방금 말했던, 자신의 영적 지혜와 하나님의 은총을 덧입어서 원하기만 하면 관상 작업의 완성에 이르는 사람들을 상징하고 있습니다(141/178-79).

　우리는 각각 사랑에 대해 관상을 하게 될 것이다. 그것은 커다란 투쟁을 불러일으킬지도 모른다. 이 작업을 통해 우리는 깊은 치유를 요하는 고통 깊숙이 들어가 그 정체를 밝혀내게 될지도 모른다. 우리는 관계에서 비롯된, 기나긴 용서 과정을 필요로 하는 고통의 영역을 발견할 수도 있을 것이다. 우리는 하나님의 지복(至福) 안에서 순수한 기쁨을 발견할 수도 있을 것이다. 우리는 우리 마음이 사랑으로 불타오를 준비가 되었다는 것을 발견할 수도 있을 것이다. 우리가 그것을 받아들일 때, 이 사랑의 관상작업은 우리에게 개별적으로 일어날 것이다.

우리 자신의 인격이나 개인 관계를 치유하는 작업을 하는 데는 다른 사람의 필요성을 그렇게 많이 느끼지 않을 수 있지만, 우리가 해야 할 관상적 사랑의 작업은 집단적인 고통도 다룬다. 내 경험에 의하면 센터링기도는 중재기도를 드리는 가장 심오한 방식의 하나일 수 있다. 마음에 떠오르는 모든 것을 사랑으로 축복하는 훈련을 하면, 우리는 다른 사람들의 고통이 우리의 마음에 수시로 떠오르는 사실을 발견할 수 있다.

우리는 마음에 떠오르는 다른 종류의 고통에 대해서도 우리가 했던 것과 같은 형식으로 축복할 수 있다. 우리는 그것을 망각의 구름으로 풀어놓을 준비가 될 때까지 사랑과 신적인 축복을 베푼다. 나는 하나님께서 사랑으로 가득 차 화해하려고 노력하는 우리의 마음을 그냥 내버려두지 않으실 것이라고 믿는다.

사실 내 생각으로는, 처음 센터링기도를 할 때, 우리는 우리 자신을 치유하는 데 초점을 맞출 필요가 있다. 우리 자신 안에 어느 정도의 평화를 얻은 후라야, 우리는 다른 사람들의 고통에 마음을 쓰며 관상적 사랑의 작업을 하라고 요청을 받을 것이다. 센터링기도는 성령의 사역으로 우리의 정신과 마음을 축복과 치유가 필요한 장(場)으로 안내한다. 중재자로서 우리는 우리의 마음을 세상을 고치기 위한 도가니로 제공한다.

마지막으로 할 말은 '가도록 내버려 둠(letting-it-go)'이라는 본성에 관한 것이다. 센터링기도는 마음에 무슨 생각이 떠오르든지 간에 그것을 축복하고 나서 망각의 구름 속으로 들어가게 하는 데 초점을 맞춘다. 하나님의 본질을 보다 깊숙하게 꿰뚫기 위해 가도록 내버려 두는 것과 어떤 고통스러운 것, 혹은 힘든 이미지를 피하기 위하여 그냥 가도록 내버려두는 것은 아주 미묘한 조화를 이룬다. 3장에서 살펴본 집중과 유념이라는 묵상 형식을 생각해 보라.

　균형 있는 센터링기도는 집중과 유념이 특이하게 혼합된 형식으로 나타난다. 우리는 센터링기도를 하면서 어떤 것도 억제하지 않는다. 우리는 모든 것이 우리의 마음에 떠오르도록 내버려둔다. 우리는 모든 것을 관상적 사랑으로 축복한다. 그러나 우리는 동시에 이러한 모든 사물과 모든 생각 속에서 그것들을 초월하고 계신 하나님을 찾는다. '가도록 내버려 둠'이라는 원리를 통해 우리는 정말로 우리 자신의 의지를 이 관상적 사랑 속에서 포기해야 한다. 이 작업을 하는 데 말썽을 일으키는 문제가 있을 수도 있다. 그러한 문제는, 마치 바울이 가졌던 육체의 가시와 같이 쉽게 사라지지 않을 것이다. 우리는 그 문제와 평화하기 위해 겸손히 영원토록 노력해야 할지도 모른다. 그러나 그래도 그 문제로부터 완전하게 치유 받을 수는 없을 것이다. 그것들 중에는 우리가 몇 년, 며칠, 혹은 몇 달을 씨름해 온 문제도 있을 것이다. 그러나 결국 그것들은 축복을 받은 후 우리의 마음으로부터 사라진다. 우리는 센터링기도를 하면서 이러한 일이 일어나는 사실을 발견할 것이다. 우리의 마음을 보다 쉽게 통과하여 사랑의 축복을 받고 망각의 구름으로 풀어놓을 수 있는 문제도 있을 것이고, 혹은 사랑의 축복이 불가능한 것처럼 보이기 때문에 오히려 우리가 정직하게 기도하고 투쟁해야 할 필요가 있는 다른 문제들도 있을 것이다. 우리의 임무는 우리의 마음과 정신이 관상적 사랑을 확대할 수 있을 정도로 쓸모 있게 되기를 위해 기도하면서 겸손하게 우리 자신을 하나님께 드리는 것이다.

우리가 깊은 침묵의 빛의 순간에 있는지 아니면 외견상 화해가 불가능해 보이는 상황을 사랑으로 해결하려고 투쟁하는 내용으로 가득 찬 기도를 하는지는 궁극적으로는 중요하지 않다. 중요한 것은 우리가 지속적으로 우리 자신, 마음, 정신, 영혼, 몸을 신적인 사랑의 통로가 되도록 중재자로 드리는 것이다.

> 우리 주님의 완전한 제자가 되려는 사람은 이 영적인 작업에서 우리 영혼의 신경과 근육을 긴장시켜 세상의 형제자매를 구원하려고 노력해야 합니다. 그러면 어떻게 관상가가 이러한 일을 하게 될까요? 그의 가장 친한 친구를 위해서뿐만 아니라, 어떤 특정한 한 사람에게 더 많은 주의를 기울이지 않고 인류 전체를 위해 그러한 일을 하는 것입니다. 왜냐하면 자신의 죄를 떠나 하나님의 자비를 구하는 사람은 예수님의 보혈로 구원받을 것이기 때문입니다.
>
> 이것은 바로 겸손과 사랑으로 이루어지는 일이며, 다른 모든 덕성으로 이루어지는 것이기도 합니다. 왜냐하면 그러한 덕성들이 앞에서 언급한 사랑의 작은 행위 안에 신비스럽게 모두 축약되어 있기 때문입니다(82/111).

하나님이 우리에게 소명을 주셔서 이런 관상적 사랑의 작업을 우리가 할 수 있게 되기를, 그리고 기도라는 이 능력 있는 수단을 통해 봉사할 수 있게 되기를 바란다.

제8장

내적 치유의 역학

영원 속에 중심을 잡음

이제 그리스도교의 묵상 방법과 내적 치유에 대한 우리의 논의를
마무리하면서, 나는 내적 치유 작업을 위한 약간의 실제적인 지침을
설명하고 그리스도교 묵상에서 드러나는 가장 본질적인 국면이 어
떠한 것인지 살펴보고자 한다.

묵상을 통해 그리스도인에게 나타날 수 있는 가장 중요한 하나의
본질적인 모습은 영원 안에 중심을 두고 살아갈 수 있는 삶의 태도
를 양성하는 것이다. 그리스도교 전통에서 묵상기도를 했던 사람들
은 누구나 끊임없는 기도 자세를 길러야 한다고 말했다. "쉬지 않고
기도해야"만 한다는 성 바울의 충고에 근거해서, 수세기에 걸쳐 수
행자뿐만 아니라 초기의 사막의 수도사들까지도 최종적으로 기도생
활을 통해 목표하고 있는 것은 하나님의 현존에 대한 끊임없는 느
낌이라는 점을 넌지시 암시했다.
그리스도교 묵상훈련의 열매는 영원이나 하나님께 중심을 둔 채,
순간순간, 매일매일, 시장에서, 집에서, 작업장에서, 세상에 대해 매

우 민감하게 살아가는 것이라 할 수 있다. 우리가 순간순간 우리 자신을 영원한 실재에게로 불러들여야 한다는 것을 기억할 때, 우리의 삶은 신적인 현존으로 채워질 수 있고, 거짓 경계의 압력과 불필요한 갈등으로부터 해방될 수 있을 것이다. 우리는 묵상을 위해서 우리의 개인적인 기도에서 사용하는 기도 구절을 통해 몹시 바쁜 날에도 하나님이 주신 보다 넓은 소명을 상기할 수 있고, 그렇게 함으로써 순간순간 우리가 해야 할 과제를 예배드리는 자세로 실재 상황에서 실천할 수 있게 해 준다. 헤시케이즘은 이와 같은 식으로 일상생활에 영향을 미친다.

우리가 그리스도교의 묵상훈련을 통해 내적 치유에 대해 말할 때, 우리의 삶이 우리 자신만을 위한 것이 아니라 영원의 부름 아래에 있다는 것을 기억해야 하는데, 이 중심 주제는 그 자체로 치유하는 향유(香油)가 된다. 자연은 이 관점에서 매우 커다란 도움이 된다. 이러한 이유로 창조 안에 계신 하나님에 대해 묵상하는 훈련은 결정적으로 중요하다. 자연 속에서 시간을 보낼 때 우리는 다시 소생되고, 우선 순위를 회복하며, 우리의 육체와 정신이 고양된다. 바다에서, 산에서, 대초원에서, 나무와 동물들과 친밀해진 상태에서, 우리는 인간의 삶이란 오직 한가지 형태의 삶일 뿐이고 집요한 인간적 관심사는 세상과 우주라는 보다 넓은 문맥에 놓여져야만 한다는 것을 깨닫게 된다.

우리는 우리가 해야 할 일이나 가지고 있는 문제에 우리 자신을 열중시키는 경향을 가지고 있다. 그러나 이런 관심사는 근시안적인 것처럼 보인다. 자연에서 보내는 며칠 혹은 단 몇 시간을 통해 스스로의 형상을 초월하여 자연이 드러내는 하나님의 '발자취'를 보기 때문에, 우리는 평형을 되찾을 수 있게 된다.

그리스도교 묵상은 어떤 형식을 띠든지, 우리 인생은 우리 자신의 것이 아니라 개인과 사회를 갱신시켜 모든 세대와 모든 순간에 풍족한 삶을 영위하도록 새롭게 태어나게 하는 신적인 근원과 능력을 요청하며 사는 것이라고 우리에게 상기시켜 준다. 이 신적인 현존을 체험할 때, 우리는 우리를 복종시켜 새로운 창조적인 봉사생활을 하게 하고 우리 자신을 개인적으로 변화되도록 한다.

여기서 또한 내적 치유에 대한 거대한 잠재력이 있다. 종종 묵상을 통해 깨달음을 얻게 되면, 하나님을 갈구하며 처음으로 탐구하기 시작할 때 우리가 가지고 있던 문제는 우리가 하는 투쟁의 근본적인 문제가 아니라는 사실을 발견한다. 다른 관점 혹은 보다 깊게 드러난 문제로부터 새로운 주제가 떠오르게 된다. 그러면 우리는 답을 찾기 시작한다. 묵상적 각성에서 비롯된 행동은 이 땅이 치유될 필요가 있을 때 하나님께서 우리의 마음과 정신과 육체를 사용하시도록 그분께 굴복하는 행위이다.

우리는 아마 우리 자신이 중보기도나 문제 해결 혹은 오래도록 반복돼 온 개인적 상처나 혹은 자기 자신을 드러내는 것처럼 보이는 어떤 다른 기억에 깊이 연루되었다는 것을 발견할 수 있다. 이때 우리가 해야 할 일은 관상적인 사랑의 태도로 그 모든 것을 받아들이고, 그 문제를 해결하기 위해 우리 자신의 각성을 통하여 하나님이 일하시도록 하는 것이다.

우리가 기도하고 있을 때뿐만 아니라 일상적인 업무를 하고 있는 동안에도 마음에 그러한 문제에 대한 해결책이 떠오를 수 있다. 이처럼 기도와 행동이 혼합된 상태는 바람직하다. 우리가 바쁘게 하루의 업무를 하고 있는 중에 갑자기 문제의 해결책이 떠오를 때가 있을 것이다. 우리가 우리의 업무와 관련해서 혹은 운동을 위해 육체적인 활동을 하고 있을 때 그러한 통찰이 규칙적으로 일어나는 것처럼 보이는 시기가 있다.

우리가 경외심과 존경심을 가지고 꿈속의 삶으로 접근한다면, 그것 역시 영감과 창조력의 원천이 된다.

성경에서 꿈은 종종 하나님이 우리에게 말씀하시는 수단으로 사용되었다. 꿈은 그 자신의 언어적 형식을 가지고 있다. 우리가 꿈과 친해지려면 먼저 우리 자신의 꿈에 나타난 상징(symbols)을 이해하고자 노력해야만 한다. 우리의 꿈의 언어는 무엇을 전달하는 것 같은가? 우리는 종종 깊은 묵상 상태에서 떠오르는 이미지의 유형과 우리 자신의 꿈 사이에 많은 유사점이 있다는 것을 발견할 것이다.

인간 의식의 본성에 대해서 '영혼의 회복'이라는 제목으로 2장에서 언급했던 것처럼, 내면의 상상력의 영역은 상상력을 사용한 성경 묵상의 형태에서 활성화된다. 거기에서 각성되는 이미지는 우리 자신의 꿈속의 이미지와 매우 흡사할 수 있다. 우리가 꿈과 더불어 작업을 하면 우리의 상상력은 활발하게 될 것이고, 우리는 보다 선명하게 영혼의 내적 메시지에 귀 기울일 수 있을 것이다.

이와 같이 우리는 우리의 삶의 모든 국면에서 하나님께 복종하는 자세로 살아간다. 우리는 잠자고 깨어날 때, 활동할 때, 그리고 침묵할 때, 다른 사람과 대화할 때나 혼자 있을 때, 쓸모 있는 길잡이가 되어주시는 하나님을 찾는다. 우리는 항상 어디에서나 하나님의 말씀을 듣는다. 삶 그 자체가 기도가 된다.

　우리 가운데 많은 사람의 경우, 삶의 과정에 집중적으로 영성훈련을 해야만 할 것 같은 시기가 오게 될 것이다. 많은 에너지와 시간을 내면적 삶을 개발하는 데 바쳐야 할 특별한 필요가 있어 보일 때가 올 것이다. 아마 그러한 시기가 1~2년 지속될 수도 있을 것이다. 이 기간동안에 우리는 유년시절에 받은 심리적 상처를 치유하며, 만성적인 육체의 증상이과 생명을 위협하는 질병을 다루거나, 아니면 깨어진 관계로 인한 좌절과 사업의 좌절이나 성공을 다루면서 내적 치유작업에 열중하고 있는 우리 자신을 발견할지도 모른다. 어쩌면 우리는 단순히 내면의 공허함을 느낌으로써 우리 자신을 위해 내면적인 그리스도인으로서의 삶이 충만한 상태를 발견하고자 할지도 모른다. 어쩌면 우리는 내면에 있는 그리스도에 대해 이미 각성했을 수도 있고 그리고 더 많이 배우기를 갈망할 수도 있다. 이러한 때가 오면, 우리는 하루의 특정 시간을 정해 묵상기도를 할 준비가 되었다고 할 수 있다.

　우리는 성 테레사의 영혼의 성의 세 번째 궁방으로 들어갈 준비가 됐다. 거기에서 우리는 우리의 영적 성장에 대한 책임을 지게 되며, 외부 요인에 대한 우리의 의존도를 줄이기 시작한다. 다음에 따라오는 제안들은, 우리의 하루 하루의 일과와 이 기도를 하기 위해 공식적으로 비워둔 시간을 통합하기 위한 단계를 준비하고 있는 동안에, 그대는 아래의 제언을 통해 규칙적인 묵상기도를 하는 데 도움이 될 만한 몇 가지 지침을 얻을 수 있다.

　1. 묵상기도를 하는 동안에 머무를 어떤 장소를 찾는 것은 그대에

게 큰 도움이 된다. 그것은 마치 자신을 위하여 성소를 만드는 것과 같다. 그림, 상징, 초 따위를 이용함으로써 그대 자신을 위한 '거룩한 공간(sacred space)'을 만들어라(이 거룩한 공간을 liminal space 혹은 container라고도 한다 : 역주). 촛불을 켜는 것과 같은 식의 시작의례 (ritual of beginning)를 통해 우리는 감각적으로 우리가 예배로 들어가고 있다는 것을 우리의 전 존재에게 상기시킨다.

2. 기도가 끝나면 곧바로 서둘러 나가지 말라. 만일 가능하다면 그대가 이리저리 움직이며 단순한 작업을 하면서 계속해서 묵상을 할 수 있는 시간을 가져라. 이 훈련은 세상 속에서 우리가 어떤 임무를 수행하고 있을지라도 우리로 하여금 보다 쉽게 '끊임없는 기도'로 들어가게 할 수 있기 때문에 내면 세계와 외부 세계를 잇는 다리가 된다.

3. 매일매일 묵상하는 데 20~30분을 할애하라. 그 동안에 그대는 이 책에 기술된 여러 묵상기도 형식 즉, 창조 안에 계신 하나님에 대한 묵상, 성경에 대한 묵상, 예수기도 혹은 거룩한 이름에 의존하는 기도 혹은 센터링기도 가운데 한 가지를 이용할 수 있다. 이 기도 형식은 모두 문제의식을 가지고 하나님께로 향하는 것이라기보다는 하나님에 대한 우리의 감수성을 강조한다. 따라서 그대는 중보와 같은 보다 적극적인 기도의 형식을 통합시켜서 이 훈련을 할 수 있는 자신만의 방식을 발견할 필요가 있을 것이다.

어떤 사람들은 중보적 관심사를 표현함으로써 자신의 기도를 시작한 후, 그 다음에 감수성을 요하는 묵상기도의 형식을 취하는 것이 도움이 된다는 것을 발견했다. 또 다른 사람들은 감수성을 요하는 묵상기도 형식으로 시작해서 중재적 관심이 내적인 침묵으로부터 나오도록 하는 것이 가장 좋은 것을 발견했다. 또 다른 사람들은 수용적인 기도(receptive prayer)와 적극적인 기도(active prayer) 사이에서 번갈아 가며 기도 시간을 보내기도 한다.

일반적으로 하나의 특별한 묵상기도 형식을 선택해서 일관되게 그 방법을 계발하는 데 시간을 사용하는 것이 유용할 것이다. 영성적인 서적들을 통해서 그대는 많은 묵상기도 형식을 발견할 것이다. 그대는 아마 모든 방법을 사용해 보고 싶은 충동을 받을 것이다. 그러나 많은 기도 형식 가운데 하나를 선택해서, 그대가 각성하는 데 영향을 주도록 하기 위해 최소한 한 달 정도 그 방법을 사용한다면 그대에게 많은 도움이 될 것이다.

4. 특정 형식의 육체적 운동을 하며 묵상을 하라. 이것은 옆으로 몸을 굽힌다든가 발가락에 손을 대는 등의 몇몇 스트레칭을 연습하는 것처럼 단순한 것일 수 있다. 또 매일매일 간단히 하타요가(hatha yoga)를 수련하는 것일 수도 있고, 조깅 또는 산보를 하며 묵상을 하는 것일 수도 있다. 고요한 묵상은 우리로 하여금 우리의 생각과 감정을 깊이 탐구하도록 돕는 경향이 있다. 반면에 육체적 활동은 우리로 하여금 새로운 통찰을 우리의 활동적인 삶 속으로 통합시키도록 돕는다.

5. '묵상일지'를 써라. 이것은 그대가 하루의 훈련을 시작하며 할 수 있는 가장 도움이 되는 일 가운데 하나이다. 단순하게 그대가 묵상한 그 날의 시간, 묵상의 형식 그리고 무슨 일이 있었는지를 간략히 기록해라. 처음에 그대는 아마 수없이 많은 '정신적 혼란'을 겪

을 것이다. 우리의 마음은 보통 매우 빠르게 움직인다. 생각이 여기 저기서 떠오른다. 그러나 잠시 후에 생각은 느려지고 우리는 더 많은 감정과 우리 안에 있는 심원한 부분에 도달한다. 묵상일지는 그대에게 그대 자신 안에서 일어나는 변화를 기록해 보여줄 것이다. 단 1~2주만에 중요한 변화가 일어날 수도 있다. 혹 변화가 그대에게 매우 느리게 일어나는 것 같이 보인다 하더라도 그대는 일지를 통해 지금 일어나고 있는 경험과 이전에 그대가 경험했던 것을 비교할 수도 있다.

6. 그대 자신의 육체, 마음, 감정을 모두 묵상으로 가져가라. 만일 묵상이 건조하거나 너무 영적인 것 같으면 그대 자신에게 그대가 감정적으로 혹은 육체적으로 그때 무엇을 느끼고 있는지 물어 보라.

7. 이 모든 것을 한번에 하려고 하지 말라. 그대 자신에 대해 너그러움을 가지라. 그리고 그대 자신만의 의례를 사용하여 이 시간을 보내라.

일지 쓰기를 지속함

그대가 매일 기도 시간을 갖고자 한다면 묵상일지를 기록하는 것이 좋다. 이 방법은 특히 묵상훈련의 초기 단계에서 유용하다. 그대가 어떤 일상적인 훈련일정을 세우고자 할 때, 그대의 의식이 실제로 변했다는 것을 알기 위해 1~2주 후나 한두 달 후에 그대의 모습을 돌아볼 수 있다면 그대는 커다란 힘과 도움을 얻을 것이다.

묵상일지를 처음 기록할 때, 그대는 아마 용기를 잃게 하는 것을 꽤 많이 열거할 수 있을 것이다. 예를 들면, '결코 진실로 그 실재 안으로 들어간 적이 없다', '마음이 매우 바쁘다', '시간이 다 됐을 지도 모른다'는 것이 그렇다. 그러나 1~2주 후에, 그대는 '용서받으려고 투쟁하는…', '고요함을 느끼고 중심을 잡은', '그리스도의 사랑에 둘러 쌓인…', '고통스런 유년기의 기억을 되살리는', '평화를 위해 기도하는' 등등의 더 많은 기록을 발견할 수 있을 것이다. 이러한 예를 통해 보듯이 묵상일지는 매우 간략한 기록일 수 있지만 여전히 중요할 수 있다.

물론 그대는 주제와 문제를 분류하는 데 보다 구체적으로 글을 씀으로써 훨씬 큰 도움을 얻을 수도 있다.

이런 종류의 글을 효과적으로 이용할 수 있는 몇몇 방법은 다음과 같다.

성경을 사용하는 일지

렉티오 디비나에 대한 매혹적인 선택적 대안은 같은 영혼의 상태 즉 묵상으로 들어가되 가까이에 있는 펜과 종이를 가지고 가는 것이다. 그대의 관심을 끄는 성경 본문이나 구절을 발견한다면 글을 써라. 자유로운 형식으로 글이 나오도록 하라. 그러면 그대는 갑자기 나타나서 그대를 놀라게 하는 생각과 연결되어 있는 것을 알아채게 될 것이다. 만일 그대가 글을 쓰다가 더 이상 의미를 발견할 수 없는 부분에 이른다면, 글 쓰기를 멈추고 성경으로 돌아가서 묵상한 후에, 다시 글 쓰기를 시작할 수 있다.

묵상하는 동안에 쓰는 일지

어떤 사람은 묵상을 하면서 글을 쓴다는 것은 자신을 산만하게 한다는 것을 발견하는 반면, 또 다른 사람들은 종이와 펜을 가지고 묵상을 하는 것이 매우 큰 도움이 된다는 것을 발견한다. 묵상을 하는 동안, 그대가 기억하고 싶은 생각이나 통찰 혹은 창조적 아이디어가 나올 수도 있다. 그것을 기억하려고 경직되어 있는 것보다는 기록하는 것이 낫다. 그리고 다시 묵상으로 돌아가라.

묵상 후에 쓰는 일지

묵상 후에 글을 쓰는 것은 묵상에도 매우 의미 있는 작업이다. 이 글 쓰기는 묵상일지를 가지고 시작될 수 있다. 그러나 묵상의 내용에 대해 보다 많은 연상을 하며 진행된다. 그대는 묵상의 내용을 글로 쓰면서 그대가 하고 있는 작업에 있어서 새로운 주제를 발견을 하게 될 것이다. 글 쓰기에서 그리기는 또 다른 중요한 수단이 된다. 종종 그대가 묵상에서 떠오르는 이미지를 그린다면, 그것을 통해 그대는 새로운 계시를 얻을 수 있을 것이다.

꿈이나 꿈속의 이미지를 가지고 쓰는 일지

꿈에 대해 쓴 글들을 통해 우리는 우리가 해나갈 내적 순례를 대략적으로 알 수 있다. 무의식이 우리로 하여금 꾸게 한 꿈을 기록함으로써 글 쓰기를 시작할 수 있다. 단순히 꿈을 위한 특별한 일기장을 사서 그것을 침대 옆에 두는 것만으로도 충분할 것이다. 어떤 사람들은 녹음기를 사용함으로써 꿈을 쉽게 떠올릴 수 있다. 그들은 한 밤에 그들이 꾸었던 꿈이나 꿈의 단편들을 기억하고 있을 수 있다. 그러면 그것을 녹음기에 녹음시킬 수 있다. 우리가 깨어났을 때, 꿈을 기억하기 위하여 어느 정도 한가한 시간을 갖는 것은 도움이 된다. 잠자는 동안 자세가 틀려지면 다른 꿈을 꾼다. 한쪽에서 다른 쪽으로 그리고 등에서 배 쪽으로 자세를 바꿔가며 시간을 보내며 실험해 보라. 마침내 그대가 느낌이나 한 마디의 단어 혹은 주제와 같은 것을 떠올릴 수 있게 되면 그것을 기록하라. 그것은 그대가 관심을 갖고 있고 관계를 계발시켜 나가기를 원하는 꿈속의 삶에 대해 그대에게 말해줄 것이다.

꿈이나 꿈속의 이미지를 가지고 작업을 하는 데 유용한 공식이 있다. 이것은 단순하지만 중요하다. 이 공식은 꿈에서뿐만 아니라 묵상에서 떠오르는 이미지에도 동일하게 적용할 수 있다. 왜냐하면 그대 자신이 묵상에서 이미지가 떠오르도록 하는 사람이기 때문이다. 때때로 그대는 이 이미지가 무엇을 의미하는지 즉시 알게 될 것이다. 또 어떤 때 그대는 이미지를 이해하려는 노력이 중요하다는 것을 느낄 수도 있다. 이제 그대는 다음의 과정을 따라 이미지를 가지고 작업을 할 수 있다.

1단계 : 꿈이나 묵상에 떠오르는 이미지를 객관적으로 다루라. 그것이 가진 고유한 메시지는 무엇인가? 만일 그대가 꿈을 전체로 바라본다면, 그것이 말하고자 하는 것은 무엇인가? 가능한 한 자세히 파악하고자 노력하라. 종종 그대가 꿈에 나타난 어떤 것이나 어떤 사람이 어디에 있는지를 알아차릴 때 '아하!'하며 꿈의 의미를 깨닫게 된다. 건물과 환경을 자세하게 살펴 보라. 옷을 입었는지 벗었는지 주목하라. 사물과 존재 사이의 관계에 주의를 기울여라. 만일 그대가 꿈의 내면적 이야기를 말하고자 한다면, 그 주제는 무엇일까? 객관적인 분석에서 그대는 꿈이나 묵상의 이미지를 그대가 할 수 있는 만큼 많이 끌어내어 통합시키고자 노력하게 된다.

2단계 : 꿈의 주관적 의미는 무엇인가? 그대가 꿈 자체의 관점에서 꿈을 살펴본 후에, 그대 자신에게 물어 보라. 꿈이 나 혹은 나의 부분을 상징한다면 그것이 의미하는 바는 무엇인가? 해석의 주관적 단계에서 그대는 각각의 이미지를 그대 자신이나 혹은 그대 자신의 부분을 드러내는 계시와 연관된 것으로 받아들여 질문한다. 예를 들어, 꿈에서 내가 나무라면 그것은 내 현재의 삶의 상황에 대해 무엇을 이야기하고 있는가? 이 단계에서, 그림을 그리고 그대 스스로 꿈에서 나타난 대상이나 인물들이 취했던 자세를 흉내내어보는 것이 그대에게 큰 도움이 된다. 그대는 또한 꿈에 나타난 다양한 인물들과 적극적인 대화를 시작할 수 있고 또한 꿈의 이미지와 그것을 통해 의식이 연상하는 것을 연결시켜 생각해 볼 수도 있다.

3단계 : 앞의 두 단계를 끝내야 그대는 꿈에 대한 상징적 해석으로 접근할 수 있다. 이 단계에서 그대는 보편적인 의미를 찾는다. 이 경우 꿈과 상징에 대한 혹은 신화적 이미지에 대한 사전을 갖고 있다면 유용하게 사용할 수 있다. 그대는 이 꿈의 이미지가 신화나 설화에 대한 다양한 해석과 어떤 공통점이 있는지 살펴보게 된다. 그대는 꿈이 제시하고 있다고 생각되는 보편적 주제로 시선을 돌린다. 우리는 그러한 의미를 파악하도록 도와주는 단순한 방법을 갖고 있지 않다. 따라서 성경과 신화, 융의 저작 그리고 켐벨의 신화에 대한 글들을 폭넓게 읽는 것이 우리에게 도움이 된다. 그리고 우리가 이 단계로 들어오지 않아도 우리의 꿈을 이해하는 데 중요한 발전을 이룰 수 있다는 점을 주목하는 것은 매우 중요하다.

마지막으로 우리의 꿈을 이해하는 데 매우 유용한 수단은 우리의 꿈의 이미지에 대한 개인적인 사전을 만드는 것이다. 우리는 반복되는 이미지나 주제를 적음으로써 이 사전을 만들 수 있다. 잠깐 동안 적어 놓은 주제에 집중한 후에, 우리는 또한 그러한 이미지가 우리에게 갖는 일반적인 의미가 무엇인지 기록하기를 시작할 수 있다.

홀로함, 동료를 구함

나는 묵상생활을 위하여 여기에 제시한 수많은 방법을 통해 사람들이 개인적으로 깊은 영적 깨달음을 쉽게 얻을 수 있기를 원한다. 우리의 상황을 고려해 본다면, 우리는 영적 훈련을 홀로 하기 쉽다. 내가 인도했던 수많은 영성훈련 과정을 통해 내가 발견한 사실은, 교회에 다니는 많은 사람들이 다른 개인들로부터 떨어져서 홀로 묵상과 묵상기도훈련을 해왔다는 것이다. 종종 같은 교회에서조차 사람들은 누가 이 내적 순례의 동반자가 될지 깨닫지 못할 것이다.

홀로 이 여행을 하는 데 따르는 몇 가지 중대한 문제가 있다. 우선 고립되었다는 느낌이다. 이 고립은 내면의 영역이 열리기 시작할 때, 유일성에 대한 과장된 감정으로 우리를 이끌 수 있다. 우리는, 이 내적 경험은 하나님께로 향하는 영혼이 갖는 일반적 부분이며 다른 사람도 다른 방법을 통해 경험한다는 것을 깨닫지 못하기 때문에, 우리가 다른 사람들보다 더 가치 있는 존재라고 생각할 수 있다. 우리는 또한 우리의 내면 세계에 혼란을 일으키는 혹은 두려움을 일으키는 것과 만날 수도 있다. 혹은 우리의 내면의 삶이 열리고 동시에 우리의 외부의 삶이 붕괴되기 시작할 때, 우리는 매우 혼란스러울 수도 있다. 이런 상황에서 우리는 가능하다면 동료를 찾기 원한다. 아래의 방법을 사용한 다면 우리가 동료를 찾는 데 도움이 될 것이다. 어떤 것은 다른 것보다 더 그럴듯한 방법일 수 있을 것이다. 우리는 우리가 삶의 각기 다른 시기에 다른 유형의 동반자를 찾고 있다는 것을 발견할 수 있다.

임시적 영적 방향

우리가 동료를 찾을 수 있는 방법 가운데 하나는 다른 사람들과 더불어 하는 묵상 경험이다. 심지어 짧은 기간의 경험이라 할지라도, 그것은 가치 있는 정보를 제공할 수 있고 우리는 종종 의문에 빠진 우리의 내면의 삶에 물음을 던질 수 있다. 그러한 훈련을 통해서 우리는 우리 자신 안에 있는 어떤 자율성을 획득한다.

성령은 우리를 안내하는 근본적인 원천이다. 그러나 우리는 종종 다른 사람의 통찰을 우리 자신을 위해 사용한다. 그러나 내 짐작에는 이것이 우리 시대의 사람들이 영적인 인도를 받으려 할 때 사용하는 일차적인 방법이다. 이 방법이 지닌 문제점은 우리가 우리 자신의 어두운 면을 기민하게 알아차리지 못할 수 있다는 것이다. 이 경우, 우리는 가치 있는 안내를 받으면 명백해질 수 있는 문제점에 대해서도 불필요한 투쟁을 하게 될지 모른다.

지향하는 영적 방향 혹은 교제

영적으로 안내해 줄 수 있도록 준비가 된 박식한 수많은 개인들이 있다. 많은 목회자들이 묵상기도 생활을 안내해주기 위한 준비를 마쳤다. 많은 로마 가톨릭 수도원은 피정(避靜)할 수 있는 기회를 제공하고 사람들을 영적으로 안내해 주기 위해 지식 있는 사람들을 이용하고 있다. 많은 목회 상담가들과 목회상담센터는 영적으로 안내해 줄 수 있는 능력이 있거나 다른 사람을 소개해 줄 수도 있다.

혹은 그대는, 잠재적 근원에 대한 영적 문제에 민감한 것처럼 보이는 목회자가 그대의 지역에 살고 있다면 그에게 물을 수도 있다.

영적인 교제를 통해 동료를 찾을 수도 있다. 교제를 통해 우리는 동료로부터 도움을 얻을 수 있다. 이 관계는 우리가 갖지 못한 통찰력을 가질 수밖에 없다. 왜냐하면 우리 각자가 관계 속으로 가져오는 삶의 경험이 다양하기 때문이다. 우리의 내면의 삶과 의문점들을 서로 나눌 때, 우리는 우리가 처해있는 곳이 어디인지 그리고 그 상황이 어떠한지를 이해하는 데 도움을 얻을 수 있다.

정신치료 혹은 목회상담

내면에 점점 몰두해감에 따라, 우리는 아마 우리 자신이 극심하게 괴로워하고 있는 사실을 발견할지도 모른다. 왜냐하면 어린 시절의 미해결된 문제들, 감정적, 육체적 혹은 성적 학대, 혹은 관계 문제로 오랜 기간 지속되었던 것들을 떠올리게 되기 때문이다. 이 때 정신치료나 목회상담을 통해서 우리는 도움을 얻을 수 있다. 이런 일은 매우 중요다. 목회자들은 지역에서 그러한 역할을 하는 사람이라 할 수 있을 것이다. 정신치료나 정신의학의 영역에서 영적 발달이라는 문제에 대해 관심이 증가하고 있다. 그대와 더불어 그대의 내면의 약점을 찾는 여행을 할 수 있게 훈련되어 있고 영적 발달이라는 문제에 민감한 치료사와 상담가가 요즈음 점점 늘어나고 있는 추세이다. 초인격심리학협회(The Association for Transpersonal Psychology)는 각 지역에서 전문적 지식을 갖추고 도움을 줄 수 있는 미국 전역의 전문회원들의 목록을 출간한다. 정보를 얻으려면 ATP, P.O. Box 3049, Stanford, CA 94309로 연락하라. 또 영혼의 등장이라는 주제에 대해, 그리고 초개인 분야에 있어서 영혼의 등장에 대한 관심이 증가하고 있다. 이 용어는 원래 크리스티나 그로프(Christina Grof)와 스태니스라프 그로프(Stanislav Grof) 부부의 작품에서 비롯된다. 많은 개인은 영혼이 출현할 때 그것과 연결된 어떤 무의식적 현상들을 발견할 수 있을 것이다. 이 과정에 대해 그로프 부부는 ≪자기를 찾는 격렬한 탐구(The Stormy Search for the Self)≫라는 그들의 저서에서 다루고 있다.

영성개발훈련 프로그램

영성개발훈련 프로그램은, 그것이 짧은 기간의 훈련이든 오랜 기간의 훈련이든 간에, 놀랄 만큼 빨리 확산되었다. 조금만 살펴봐도, 그대는 많은 다른 지역의 신학대학에 이 연구과정이 개설되어 있다는 것을 발견할 수 있을 것이다. 샌프란시스코 신학대학(San Francisco Theologicsal Seminary)은 포괄적인 프로그램을 제공한다. 모든 켈시가 이 프로그램이 만드는 데 큰 영향을 주었다. 또 수도원 공동체에서 하는 공식적인 프로그램도 있다. 캘리포니아 버링엄에 있는 자비센터(Mercy Center)와 텍사스주 달라스에 있는 카멜산(Mt. Carmel)은 훌륭한 프로그램을 제공해 준다. 여러 곳에 피정을 할 수 있는 집이 있다.

어떤 교단은 국가적인 차원의 광대한 프로그램을 진행하고 있다. 영성을 위한 연합감리교연구소(United Methodist Academy for Spiritual Formation)와 같은 것을 예로 들 수 있다.(1908 Grand Ave., Nashville, TN 37202).

캘리포니아 오클랜드의 홀리 네임 대학(Holy Names College)에 있는 문화와 창조중심의 영성 연구소(The Institute in Culture and Creation Centered Spirituality)는 매튜 폭스(Matthew Fox)가 지도한다. 이곳에는

석사과정을 비롯해서, 다양한 기간의 연구프로그램을 제공한다. 워싱턴 D.C.에 있는 샬렘연구소(The Shalem Institute)는 목회상담과 심리치료 그리고 영적 방향설정 사이의 접촉점을 찾기 위해 틸든 에드워드(Tilden Edwards)와 제랄드 메이(Gerald May)가 세웠다. 여기서는 대외적 형식으로 광범위한 훈련 프로그램을 제공한다. 캘리포니아의 맨로 파크에 있는 초인격심리학 연구소는 심리학, 영성, 그리고 영·육의 관계에 대한 접촉점을 탐구한다. 거기서는 대외적인 석사학위 뿐만 아니라, 학점을 이수해야 하는 석사와 박사학위 혹은 1년의 교육기간 이수 이후 초개인 연구에 대한 대외적 자격증을 수여한다.

단체 영성훈련

다른 사람들과 더불어 모임을 만들어 집단적으로 영성을 개발하는 데 참여하는 것은 놀랄만한 경험이 될 수 있다. 그러한 모임은 한 사람에 의해 조직될 수 있다. 이 모임은 훈련받은 지도자에 의해 인도될 수도 있고 혹은 전문적인 지도가 없이 그저 '기도하고 나누는' 모임이 될 수도 있다. 이 두 가지 가운데 어떤 경우라도 개인이 참으로 양육받을 수 있는 풍토를 만들려면 몇 가지 지침을 따라야 한다는 것이 내 생각이다.

1. 우리는 하나님으로부터 개인적으로 영양분을 공급받기 위해 함께 만나고 있다. 개인에게 일어나는 일에 대한 권위는 개인에게 있다. 즉, 개인은 모임에서 제시하는 어떤 특별한 정보를 입증하기 위해 특별한 증거를 제시할 필요가 없다. 각각의 개인은 어떤 모임에서든지 자신의 내면의 경험을 자유롭게 나눌 수 있다. 많이 나누

는 것이 적절한지 적게 나누는 것이 적절한지는 개인이 판단할 일이다.

2. 모임의 신뢰성에 대한 문제도 토의되어야 한다. 모임의 구성원들이 어느 정도의 내용까지 모임 밖에서 나누어도 좋은지, 즉 외부로 가져나갈 수 있는 내용의 한계를 정할 필요도 있다. 모든 사람이 그 결정에 동의해야 한다. 이 결단은 정기적으로 되풀이될 수 있다.

모임의 구성원은 아니지만 개인적으로 중요한 사람도 있다. 이 경우, 나눈 내용을 은밀하게 간직하면서도 모임에 대한 토의에 참여하도록 할 수 있는 방법도 있다. 개인은 모임에서 사용하는 특정한 종류의 형식 즉, 묵상하기 위해 모임에서 사용하는 방법에 대해 이야기하고 자신의 경험을 다른 사람과 나눌 수 있다. 그러나 그들은 다른 사람의 경험을 밝혀서는 안된다.

두 가지 극단적인 방식으로 한계를 정할 수 있다. 모임에 대한 것이라면 어떤 것도 나누어서는 안된다는 태도와 모든 것을 나눌 수 있다는 태도가 그것이다. 후자는 다른 사람의 경험을 왜곡해서 그것을 단순한 이야깃거리로 만들 수 있다는 위험이 있다. 전자의 경우, 그것은 모임의 구성원이 아닌 배우자나 영적인 친구와의 중요한 교제를 단절시킬 위험이 있다.

교회에 이러한 모임이 있다면, 새로운 회원을 받아들이기 위해 그 모임을 정기적으로 개방하는 것이 중요할 것 같다. 이렇게 하면 모임의 배타성의 문제는 최소한 줄어들게 되고 개인으로 하여금 모임의 풍요로운 묵상 내용을 교회에서 생활해 나가며 펼칠 수 있도록 돕는다.

3. 모임은 다음과 같은 규칙적인 형식으로 진행될 수 있다. (a) 모여 서로 인사하고, 지난주에 있었던 일에 대한 서로간의 대화, (b) 모임의 구성원 한 사람에 의해 인도되든지 혹은 그 모임에서 사용하는 방법을 통해서 인도되든지 간에 묵상하기, (c) 침묵묵상과 묵상 후에 글을 쓰기 위한 시간 갖기, (d) 각자에게 적절한 것 같이 보이는 경험 나누기, (e) 각각의 사람에 대해 지지하고, 반응하고, 통찰력 주기, (f) 각 사람의 내면의 여행을 지지해주고 양분을 주기 위해, 그들 각각에게 관심을 기울이며 모임 끝내기(그것은 짧은 의례일 수도, 찬양 혹은 개인에 의한 기도 혹은 그룹과 더불어 하는 열린 기도일 수도 있다).

이러한 모임에서 나타나는 가장 중요한 국면 가운데 하나는 나눔이 묵상 경험으로부터 나온다는 것이다. 나는 묵상 경험을 서로 나눌 때, 모임의 구성원들이 너무 쉽고 깊게 친해지는 데 대해 놀라움을 느꼈다. 개인 각자의 경험이 그 자체로 존중되어야 한다는 점은 중요하다. 그러한 경험에 대해 성급히 부정적 판단을 내리는 사람은 없을 것이다. 이러한 모임을 통해 우리는 성령이 인도하시는 영역에 들어간다. 구성원들이 서로 친해지면, 그대가 다른 사람에게 도전할 필요가 있을 때가 있다는 것은 당연하다. 왜냐하면 각자가 모두 하나님과 더불어 사는 진실한 삶을 추구하고 있기 때문이다. 그러나 이러한 도전은 그대가 일정 기간 이상 각각의 사람과 깊은 교제를 나눈 후에 이루어져야 최선의 것이 될 수 있을 것이다.

중년기의 내적 치유

지금까지 그리스도교의 묵상 방법과 내적 치유에 대한 우리의 논의를 마무리하면서, 영성훈련의 몇 가지 실제적인 면을 탐구해왔다. 나는 이제 우리가 우리의 내적 치유 작업에서 다루게 될 몇 가지 주제와 문제를 함께 다루고 싶다. 이것을 위해 우리는 단테와 그의 중년기의 방황으로 돌아가자. 그리스도교의 묵상 방법을 통해서 이 깊은 영적 삶으로 인도된 우리 대부분은 내적 삶이라는 문을 통해 중년의 각성에 이르렀다. 단테는 이 과정을 분명하게 밝힌다.

"우리네 인생 길 반 고비에, 올바른 길을 잃고서 나는 어두운 숲 속을 헤매고 있었다"(단테, ≪신곡(Divine Comedy)≫, 지옥편, Ⅰ:1-3, 1949, 71). 단테는 그 자신이 중년의 위기를 겪으며 ≪신곡≫을 쓸 때, 이 내용을 맨 앞에 놓았다. 35세에 그는 그의 고향인 플로랜스로부터 정치적인 갈등으로 추방되었다. 그는 내면의 여행을 통해 지하세계, 그가 삶의 악마적인 힘과 직면했던 영역으로, 연옥이라 불리는 도덕적 정화의 영역으로, 그리고 그가 성자, 사도, 그리스도의 형상으로, 그리고 궁극적으로 원초적인 사랑과 완전히 연합된 형상으로 하나님을 만났던 낙원의 영역으로 나아간다.

낙원에서 그의 가시적 안내자는 베아트리체였다. 그녀는 단테가 인생에서 만났던 여자로, 단테를 위해, 단테가 하늘의 영역에서 찬란한 빛에 익숙해질 정도로 성장할 때까지, 중재자로서 봉사했다.

단테의 중년의 위기는 우리에게 영혼이 가야 할 윤택한 길을 제시했다. 단테는 길을 잃었고, 그가 밟아 가고 있다고 생각한 선택된 길이 막혔고, 그리고 그가 시간을 넘어선 세계, 악마적 신적 영역의 내적 세계로 들어가는 동안 충분히 견딜 수밖에 없었다. 이러한 단테의 경험으로 인해 우리는 보다 윤택한 길을 걷게 되었다.

단테가 이해한 인생의 여러 단계(켐벨, 1968b, 633-34)는 중년기에 우리에게 닥쳐오는 도전을 통과해 성공적인 길로 가도록 우리를 이끌어 준다.

인생의 첫 번째 단계를 그는 젊음이라 불렀다. 이 시기에 우리는 사회에 대한 기본적인 시각을 배우고 우리의 성년기를 보낼 준비를 한다.

두 번째 단계는 성년기이다. 성년기는 대략 25세부터 45세 사이에 일어난다. 성년기에 사람은, 사회와 자신의 가족을 위해 봉사하면서 그리고 동시에 영적인 각성을 경험하면서, 중년을 통과한다. 성년기에 우리는 대략 45세부터 시작되어 70세에 이르는 노년기를 준비한다.

노년의 시기에 우리는 문화에 대해 가장 가치 있는 기여를 한다. 영적으로 각성되고 정치적 사회적 능력을 숙달시켜 변화의 동인이 된다. 이후 우리는 노쇠기로 간다. 이때 우리는 해야할 일을 했다는 느낌을 가지고, 하나님에 대해 충분한 관상을 하기 위해 자유롭게 주의를 기울이며 죽음으로 향하는 여행을 시작한다.

실재와 관계하는 이미 알려진 방법으로부터 일상을 넘어선 영역으로 가는 경로는 여러 방식으로 불려왔다. 역사적으로 이것은 회심 즉 성스러움에 직접적으로 접근하기 위해 잠재력이 갑자기 각성됨으로써 종종 일어났다. 많은 전통에서 이것을 '각성'이라고 불렀다. 언더힐은, 그녀의 글 신비주의에서 그것을 자기의 각성(Awakening of the Self)으로 묘사하고 있다. 이미 성인에게 알려진 실재와 내적 발달의 다른 세계의 가능성을 잇는 접점은 최근에 영성의 출현이라고 불려졌다. 그것은 중년의 위기를 수반하는 의식의 여러 가능한 움직임의 하나로서 서구 문화에서 가장 대중적으로 발견된다. 융은 우리가 과거에 우리 의식의 총체성이라고 생각했던 것은 본질상 우리의 페르조나(假緬, persona)일 뿐이라는 것을 발견한 것이다. 한 번 발견되면, 무의식적 자기(the unconscious Self)는 우리에 의해 탐구되기를 원한다.

단테가 이 중년기의 변화의 특징을 길을 잃어버린 상태라고 묘사한 것은, 외부의 길에 대해 말하든지 아니면 내부의 길에 대해 말하든지 간에 우리에게 동일하게 적용될 수 있다. 우리는 결혼, 직업에 있어서의 결별, 부모가 되는 것과 같은 책임의 완성, 혹은 부모에 대해 돌볼 책임을 지게 됨으로써 생겨나는 자아 인식에 있어서의 급격한 변화, 혹은 그들의 죽음이라는 외부적인 접점을 통해 우리가 그 동안 살아왔던 익숙한 환경으로부터 길을 잃도록 하는 임박한 위기에 직면하게 된다.

내적으로 우리는 우리가 꾼 꿈이 지금까지 관계하며 살아온 익숙한 삶의 방식을 위협하는 협박, 파괴, 혹은 그림자의 모양으로 갑작스레 일깨워질 때 길을 잃을 수 있다. 혹 우리는 우리의 길을 신적인 본질을 경험하면서 잃을 수도 있다. 왜냐하면 누군가 바라던 신의 현현을 경험하는 삶을 살게 되면 그것은 너무나 심오하고 너무나 생생해서 신앙이 믿음의 영역에서 지식의 영역으로 갑자기 옮겨가게 되기 때문이다.

이 접점이 처음에 밖으로부터 오든지, 안으로부터 오든지, 위협이나 완성으로부터 오든지, 우리는 극단적인 혼란과 자기(the Self)를 완전하게 발견할 수 있는 가능성에 노출된다. 나는 내가 33살쯤 되었을 때 그러한 중년기의 여행을 시작했다. 그 전에, 내 꿈속의 삶은 잠자고 있었다. 나는 선한 의도, 영적 지적 호기심으로 가득 차 있었지만, 여전히 기도가 무엇인지 알려고 노력하고 있었다. '비신화화(非神話化)'라는 성경연구방법이 신학대학의 지적 풍토에 팽배해 있던 시기에 신학대학을 다녔던 내게는, 영적 생활에 대한 신비를 맛볼 수 있는 여지가 전혀 없었다. 신학대학의 관심은 우리를 지적으로 존경할 만한 신학자가 되게 하고 사회적 활동을 할 수 있는 준비를 하도록 하는 데 있었다. 10년 간 교구목사로 사역하는 동안에 나는 매주 설교준비를 위해 성서 연구를 하는 데 시간을 보냈다. 그러다, ≪무지의 구름≫의 저자가 말한 것처럼, 하나님을 보다 깊이 각성할 준비를 갖추게 되었다. 이때까지 나는 신앙에 대한 질문을 오랫동안 생각해 왔다.

내게 처음으로 각성되었던 것은 하나님에 대한 깊은 깨달음이 아니었다. 내가 깨달았던 것은 나의 그림자-자기(shadow self)였다. 꿈의 공포 가운데 내 부자유한 몸과 혼란을 일으키는 성적 문제를 해결하려는 고통스런 노력 가운데, 나는 전적으로 새로운 발견을 하기 위해 내면의 삶으로 관심을 돌렸다.

나는 내가 경험하고 있었던 것이 무엇인지 알 방법이 없었기 때문에 융의 꿈에 관한 저서를 읽기 시작했다. 그리고 나는 준 싱어(June Singer)의 ≪양성인간(androgyny)≫이라는 책으로 관심을 돌렸다. 그리고 나는 안마와 묵상하는 법을 배웠다. 어떤 때 나는 너무 고통스러워 '하나님의 죽음'에 대해 말했던 적도 있다. 교구 목회를 하는 동안 나를 흥분시켰던 적이 있는 모든 활동이 계속해서 떠올랐다.

나는 사회활동을 하기 위해 많은 의미 있는 계획을 세우며 시간을 보냈고 있었다. 내가 크게 놀란 것은, 다음 단계에서 갑자기 모든 것이 명료해 졌을 때, 이 일을 옆으로 제켜두는 일이 놀라우리만큼 쉬웠다는 것이다. 나는 단테처럼 지하 세계, 중간 세계 그리고 하늘

세계라는 내적 각성을 하기 위해 곤두박질 칠 준비가 되었다. 나는 초기에 성년이 되면 봉사할 수 있는 삶을 살기 위해 잘 채워 놓았던 그릇과 같은 존재에 대해 이야기했다. 그러나 그 그릇은 이제 비었다. 나는 절망적으로 내 안에서 샘처럼 솟아날 수 있는 하나님, 내게 영감과 자양분을 줄 수 있는 하나님을 찾고자 갈망했다.

내가 가지고 있던 영성의 저장고는 내 친구였던 교구민들의 죽음 속에서 더 이상 나를 지탱시켜 주지 못했다. 그때의 슬픔은 내가 받았던 은총보다 훨씬 컸다. 단테처럼, 나는 내 길을 잃었다. 그리고 역시 단테처럼 나는 내게 알려져 있는 세계를 뒤로 한 채 새로운 발견을 하려고 움직이고 있었다.

나는 그 동안 잃어 버렸던 묵상기도라는 그리스도교의 방법을 발견하기 시작했다. 여러 다른 영적 전통의 묵상훈련 방법과 더불어 그 방법에 대해 나는 이 책을 통해 그대들과 나눌 수 있었다. 나는 생체 에너지, 육체 작업, 그리고 집단 과정을 통한 치료법을 발견했다. 나는 신비적 인물을 경험할 수 있는 내부의 문이 열려 있다는 것을 발견했다. 나는 영혼과 육체에 대한 탐구를 하기 위해 초인격 심리학 연구소에서 공동작업을 했다.

영적 각성의 다섯 통로

이러한 경험은 결코 나 혼자만의 것은 아니다. 우리 시대의 많은 사람들은 내면의 삶의 실재로 들어가는 형태의 경험을 하고 있다. 나는 2장에서 발전시킨 의식에 대한 초인격적인 모델과 관련하여 우리가 내면의 여행을 통해 만날 수 있는 경험의 유형을 간략하게 요약할 것이다. 이 모델로부터 우리는 탐구가 가능한 다섯 가지 중요한 통로를 보게 될 것이다.

의식에 대한 이 모델(윌버, 1980)은, 유아기와 유년 초기부터 성숙한 이성적 능력을 찾으려고 애쓰는 진보적 발달에 대해 말해준다. 이 모델은 거기서 멈추지 않고 성인의 삶 속에서 계속해서 심신의 통합에 대한 느낌을 가져다 주는 새롭게 갱신된 몸과의 관계에 대해 말한다. 이것은 특히 우리가 전통적으로 영적 체험이라고 불렀던 것과 관계된 내적 능력이다. 보이지 않는 영역에서 인간은 형상을 가진 하나님, 그리스도, 거룩한 어머니, 혹은 다른 신적인 인물들과 관계한다.

이것이 상념기도(kataphatic prayer), 즉 이미지를 사용하는 기도의 영역이다. 인과적 영역은 형상을 초월한 신, 찬란한 빛, 혹은 텅 비어있음이나 이미지가 없는(apophatic) 어떤 경험을 하는 영역이다. 상상할 수 있는 능력과 꿈 그리고 창조적으로 가시화되어 펼쳐진 세계는 이성적 마음과 보이지 않으면서 인과적 경험을 하는 내면의 영역 사이에 있다. 이 상상의 영역에서 우리 내면의 유년기의 경험을 불러들이고 기억을 치유할 수 있다. 그런 식으로 내부 의식에 대한 각성이 일어날 때, 마치 우리에게 충격을 주었던 기억으로부터 해방되는 듯한, 그리고 신적 현존의 에너지를 통해 의식의 길이 열리는 듯한 경험을 하는 육체에 주요한 이동과 변화의 시기가 올 것이다.

우리는 아빌라의 성 테레사가 경험한 것과 같은 그 강렬한 육체의 경험에서, 특히 그녀의 ≪영혼의 성≫에 있는 다섯 번째와 여섯 번째 궁방에서 일어나는 이러한 유형의 에너지 현상을 보게 된다.

나는 여기서 옛 방식으로 의식의 이러한 단계를 각성하자는 것은 아니다. 오히려 중년기의 각성은 영혼의 전체 모습을 얻도록 해주는, 그리고 세계와 심오한 관계를 맺도록 해주는 능력을 각성시켜 줄 수 있는 특별한 관점이 터져 나오는 것과 훨씬 비슷하다.

이 모델에 근거하여, 우리는 이 중년기의 탐험에서 우리가 지나가야 할 다섯 가지 구별되는 영적 발달의 통로에 대해 이야기 할 것이다. 육체, 개인 무의식, 보이지 않는 영역에 대한 경험, 인과적 영역에 대한 경험, 그리고 내가 '일상에로의 부름'으로 명명한 것이 각각의 통로이다.

첫째로, 우리는 육체의 통로에 대해 이야기 할 수 있다. 우리 가운데 많은 사람들은 중년기에 병이나 다른 형태의 육체적 한계를 통해 중대한 문제에 직면하게 될 것이다. 우리는 불임(不姙)이나 출산(出産) 문제뿐만 아니라 암, 심장병, 암을 유발하는 바이러스나 다른 종류의 만성 피로로 인한 증상과 같은, 실제적으로 퍼져있는 병이나 우리 문화에 만연해 있는 스트레스로 인한 질병을 보게 된다. 다양한 중독 증상을 다루는 많은 방법들 역시 이 문제에 초점을 맞추고 있다. 많은 중년 여성들과 남성들은 육체가 보내는 이러한 전언(傳言)을 통해 인생의 목적과 삶의 방식에 대해 중대한 질문을 하게 될 것이다. 질병에 대한 처방으로서든 아니면 단순히 건강한 삶을 위한 투자로서든 간에, 많은 사람들은 단식이나 하타 요가(hata yoga) 같은 건강프로그램을 통해 그들의 육체를 소성시키려고 한다. 마치 우리가 기도하고 스스로를 살펴보는 훈련을 하며 시간을 보낼 때 그러는 것처럼, 육체 훈련을 통해 우리는 몸에 대한 새로운 친밀감을 발견할 수 있을 것이다. 지금 살고 있는 수십만 명의 사람들이 임박한 죽음에 직면하여 겪는 경험 속에 우리 문화권의 많은 사람들이 이성을 초월해 있는 마음의 영역을 탐구하기 위해 들어가야

할 첫 번 째 통로가 있다. 비록 우리가 육체적으로 중년기에 접어들었다 할지라도, 이 통로를 통해서 우리는 감정과 영적 깨달음에서 비롯되는 보다 미묘한 에너지와 새로운 방식으로 쉽게 관계 맺을 수 있다.

두 번 째 통로는 우리의 개인 무의식과 유년 초기에 겪은 기억에 대한 치유 사이의 관계와 연관된다. 이 싯점에서 우리가 생각해보아야 할 문제는, 육체적 혹은 성적 학대를 겪은 초기의 정서적 충격을 인정하도록 얼어붙은 감정을 녹여 표현하도록 하는 것이다. 여기서 나를 놀라게 하는 것은, 격려하고 사랑으로 수용해 주는 환경에 놓이면, 정신(psyche)은 기꺼이 이러한 유형의 자료를 드려내려고 한다는 것이다. 몇몇 경우, 최소한의 외적 동기부여만으로도 나는 이런 유형의 자료가 드러나는 것을 보았다. 내면의 아이에게 귀를 기울이고 힘을 부여해준다면, 매우 중요한 치유과정이 일어날 수 있다. 종종 내면의 아이는 자신이 그 충격을 아직도 간직하고 있다는 사실을 깨닫지 못할 때도 있고, 또 어른으로 성숙해버린 그 / 그녀를 만남으로써 개인은 얼어붙은 감정으로부터 해방될 수도 있다. 새로운 모습으로 살게 된 개인은 감정에 직접 접근할 수 있는 새로운 차원에서 생산적으로 살기 위해 해야 할 많은 일을 배울 것임에 틀림없다.

특히 젊은 시기 혹은 유아기로부터 발생한 문제를 다루면, 사람들은 너무 큰 혼란에 빠지게 될 것이며 아울러 인과적 경험의 차원에서 기술될 수 있는 문제에 직면하게 될 것이다. 그러한 미지의 영역으로 탐험하려면 전문적인 치료작업도 필요하지만 애정과 배려도 필요하다. 우리 가족이 애정 어린 돌봄과 배려를 해 왔다 할지라도,

내가 여기서 가장 충격적인 경우에 대해 이야기하는 동안 우리 모두는 이 영역에서 무언가 해야 할 일이 있음을 알게 될 것이다. 우리 모두는 어린 아이였을 때 어른들에 의해 오해 받았던 경험으로 인해 생긴 상처(trauma)를 여전히 갖고 있다.

세 번 째 종류의 위기를 통해 우리는 아직 드러나지 않은 영역을 경험하기 시작한다. 이 경우, 개인은 신화적인 성격을 지닌 시각적 요소에 붙들리게 될 것이다. 내 자신의 경우, 내면의 삶은 대게 이런 형태로 분출되었다. 나는 묵상 속에서 내면의 작업을 할 때, 또 생체 에너지를 공급받기 위해 숨을 쉬고 있을 때, 나의 의식적인 자기－지식(self-knowledge)과 그리스도(Christ), 그리고 많은 경우 여성 모양을 한 인물들이 서로 대화하고 있다는 사실을 종종 발견했다.

나는 남성 정신(male psyche)이 지닌 육체적, 성적 공격성에 대한 가능성을 새로운 방식으로 이해하기 위해 역사 속에 나타났던 전사(戰士)들과 많은 시간을 보내고 있을 때 가장 극적인 깨달음을 얻기도 했다. 단테의 ≪신곡≫은 명백히 이러한 종류의 깨달음에 대해 기술하고 있다. 어떤 경우, 내생(來生)이나 전생(前生)에 대한 것처럼 보이는 자료들이 또한 동시에 현재적이기도 하다. 여기서 그러한 인물들과 관계된 이야기를 이해해야 할 필요성이 대두된다. 그리고 또한 그러한 인물들로부터 어느 정도 거리를 유지할 필요도 있다. 정신(psyche)은 자기이해(self-understanding)를 강화시킬 수 있는 많은 이야기들을 은유의 형식으로 풀어놓는다. 내 생각에 이러한 경험을 입증하려고 재성육(reincarnation)에 관한 이론을 증명하거나 반증하는 데 집착할 필요가 없다.

신화적인 모험을 통해 우리는 드러나지 않은 영역에서 집단적인 고통과 인간의 기쁨을 발견하게 된다. 나는 처음에 이 내적 경험이 오직 내 자신의 정신에서만 일어나는 중보기도의 유형은 아닐까 의아해한 적도 있었다. 왜냐하면, 내가 고대와 현대의 전사(戰士)들을 이해했을 때 그들은 해방되어 있었기 때문이다. 우리는 이 영역에서 내면의 음성과 환상을 구별할 수 있는 능력을 필요로 한다. 우리는 내면의 인물들이 신뢰할만한가 혹은 그렇지 않은가를 구별할 수 있는 법을 배워야 한다. 아울러 우리는 하나님이 비유와 은유의 형식으로 우리를 안내할 때 그것을 해석할 수 있는 방법도 배워야 한다.

네 번 째 유형의 위기에서 우리는 인과적 영역으로 들어가기 위해 정신을 집중해야 할 것이다. 형상이 없고 언어가 없는 이 곳에서 우리는 한편으로 끝없는 하나님의 신비를 탐사하며, 동시에 자궁 속에 있을 때, 태어날 때, 그리고 유아 초기에 겪은 전언어적 경험(preverbal experience)과 화해하려는 우리의 모습을 보게 될지도 모른다. 우리 마음이 언어를 초월한 영역으로 들어갔기 때문에 우리는 우리 자신의 개인적인 심리학적 경험의 가장 깊은 수준, 말할 수 있는 능력 혹은 세계를 끝까지 측정할 수 있는 능력을 갖추기 전에 겪은 원초적이며 비언어적인 원천과 씨름하게 될지도 모른다.

내 견해로는, 이 영역은 고전적으로 영혼의 어두운 밤(the dark night of the soul)으로 묘사된 영역, 우리가 죽음의 세력과 창조적인 하나님의 영원한 능력과 극적으로 직면하게 되는 영역이다. 확실히, 이 힘의 위기는 어마어마한 의미를 가질지 모른다. 무한한 신적 존재가 자신의 선물을 이 평범한 세계에 가져다 주는 이 일에 깊이 몰두하는 데는 한 주간, 한 달, 혹은 일 년이 걸릴지도 모른다. 많은 이해, 많은 지원, 그리고 실효성에 대한 많은 관심이 이 각성의 가장 심원한 차원에 도달하는 데 기울여져야 할 필요가 있다. 이것은 개인의 내면에서 신성의 충만한 포옹과 하나님의 충만한 현현으로 이끄는 위기이다.

다섯 번 째 위기가 언급될 필요가 있다. 그것은 평범한 의식, 혹은 우리가 경험하는 다양한 경험의 유형을 연결시켜 주고 종합해 주는 이성적인 마음의 수용 능력과 연관된 위기이다. 그것은 우리가 살아가는 일과 고통으로 가득 찬 평범한 세계가 주는 도전들 가운데 실제적인 삶의 위기이다. 중년기에 맞는 이 다섯 번 째 위기는 우리 자신의 자기이미지(self-image)를 흘러보내는(letting-go) 위기이며, 또한 내면 세계의 관점의 변화에 따라 새롭고 의미 있는 소명적 실존이 되는 위기이다. 여러 경우, 이 경험은 페르조나(persona)를 벗어 던지고 새로운 소명에 찬 개인적인 인생 스타일을 갖는 것과 흡사한 경험일 수 있다. 왜냐하면 이성적인 선택의 능력과 더불어 페르조나를 벗어 던지고 새로운 소명과 자기 정체성, 건강한 기질, 그리고 자기 존중감을 갖는 일이 필요하기 때문이다.

결혼생활 19년에 접어든 1986년, 나의 아내 루스(Ruth)와 나는 두 남아(男兒)의 부모가 되었다. 우리는 가족을 어떻게 섬길 것인가? 우리는 평범한 세상의 실재들을 어떻게 섬길 것인가? 우리들에게 좌우명은 없었다. 의식이 깨어나기 이전에도 나무를 쪼개고 물을 길어 나르며, 후에도 나무를 쪼개고 물을 길어 나른다. 상황은 더욱 같아 보인다. 중년의 탐험 이후, 변화는 사라지고 아이들과 늙어 가는 부모를 봉양할 일 이외는 없는 것이 아닌가! 그대가 너무 지쳐 잠들 수 없을 때, 그리고 그대의 기질이 이글거리며 끓어오를 때 의식의 깨어남은 그대로부터 멀리 떨어져 있다. 그러나 이런 수단들을 통하여, 섬기는 나의 삶은 처음에는 시간 낭비처럼 보였지만 영혼의 내적 각성을 일구어 찬란히 꽃피게 되었다.

독신으로 살아온 사람들에게 관계의 삶은 거추장스러울지 모른다. 자녀가 없는 사람들에게 부모 역할의 성취는 주의를 요구할지도 모른다. 부모로서의 과업을 완성하고 있는 자들에게는 잠자고 있는 개인의 창조성의 문제와 지연된 직업에 대한 열망이 불거져 나올 것이다. 일 세계에서 우리에게 찾아오는 다양한 도전들이 우리를 압도할지도 모른다. 다섯 번 째 위기, 평범한 현실의 위기는, 어떻게 하면 나는 의미 있게 현 세대를 섬길까 하는 것이다.

내가 여기서 제의하는 바는, 중년의 위기는 드러내기를 원하는 정신(psyche)의 감춰진 영역에 있는 온전함(wholeness)을 향한 움직임이라는 것이다. 그것은 여러 가지 형태로 다가올 수 있는데, 어떤 형태의 의식의 위기인가 하는 것이 매우 중요하다. 중년의 과업은 남은 인생과정을 통하여 주요한 변화를 계속하기 위한 기술과 내면의 자원을 발견하는 것이다.

하나님의 뜻 분별

아빌라의 성 테레사는, 내면의 삶을 깊게 하는 온전한 목적은 선한 일을 위한 것으로 그녀가 쓴 ≪영혼의 성≫을 끝맺는다. 내면을 이해하는 일을 끝맺는 것은 얼핏보면 매우 단순한 결론이다. 그러나 그녀가 내린 결론은 우리들의 결론과 한가지이다.

끝으로, 그리스도교 영성생활의 목적은 하나님과 이웃과 조화 속에 거하는 것이며, 그 조화 속에 거함으로써 우리 자신이 자유롭게 되어 하나님을 의미 있게 섬기는 것이다. 여러 세기를 통하여 그리스도교 영성생활의 표지는 다음과 같은 검증을 받아 왔다.

기도는 사랑으로 이끄는가? 개인의 경건은 인류 공동체를 창조적인 공동체로 만들며 고양시키는가? 만일 그렇지 않다면, 개인의 경건은 하나님과 아무런 상관없는 것이다. 우리는 올바른 경건의 길을 가야만 한다.

그리스도교 묵상에 대한 작업을 하면서, 우리는 우리 자신을 이 질문 앞에 세울 필요가 있다: 하나님은 나를 이 일을 위해 부르시고 계시는가? 이 내면의 작업으로, 이 특별한 외적인 작업으로 부르고 계시는가? 때로 우리는 특별히 지도(指導)를 필요로 하는 시기가 있을 수 있다. 나는 이그나시우스가 취했던 분별 양식(Ignatian discernment)에 근거한 다음과 같은 특이한 방법을 제시한다. 나는 이 방식에 있어서 니콜라 케스터(Nicola Kester)의 도움을 많이 받았다(1985).

과정에는 우리의 각성의 전 스펙트럼, 그리고 물리적 각성뿐만 아니라 우리의 마음의 합리적, 정서적, 상상적 특질 모두가 참여해야 한다.

첫 번 째 원리는, 하나의 주제와 문제에 대해 우리 자신의 의식적인 숙고(熟考)를 초월하여 하나님의 뜻과 지도를 성실히 추구하는 것이다. 이 분별의 첫째 원리는 하나님을 향하여 우리의 관심이 집중적이 되도록, 수용적이 되도록, 그리고 하나님의 말씀을 경청하는 태도를 계발하는 것이다. 우리 자신을 묵상적인 기도생활에 신실하게 바치면 바칠수록 우리 내면에는 각성에 대한 감수성이 더해갈 것이다. 분별 과정에 들어가자면 듣고 인도 받기 위해 신적인 뜻과 인간의 의지에 적극적인 주의를 기울일 필요가 있다.

이 분별 과정을 시작하기 위해, 단순한 방법으로 지도 받기를 원하는 문제나 주제를 기술하라. 만일 가능하다면, 예나 아니오의 결과를 부여하거나 두 가지 구별되는 결과들을 부여하라. 두 가지 결과들을 제한할 방법을 찾지 못하면, 한 과정에 세 가지 이상의 결과들을 찾지 않도록 하라. 다른 결과를 찾기 위해 동일한 주제에 대해다시 한 번 이 분별 과정을 활용하라. 예를 들어, 일하는 특별한 장소 곧 직장에서 계속 일할 것인지에 관하여 질문할 수 있다. 혹은직장 문제 혹은 일의 특별한 면을 놓고 두 세 가지의 선택을 추구하는 문제를 다룰 수 있다.

선택할 대안을 기술한 후에 그것들을 기록하라. 각각의 선택사항에 밑줄을 긋고 그대가 선택하여 결정을 내린 하나의 방향이나 다른 방향에 영향을 미칠 모든 요인들을 기록하라. 이 목록을 만드는데 너무 꼼꼼할 필요는 없다. 그대가 각성하고 있는 다양한 요인들과 그것들이 끼칠 영향들을 작성하는 데 단순히 시간을 들이기만하면 된다. 이런 작업은 분별 과정에 들어가는 우리의 이성적 사고과정이다. 대체로 이런 단계는 그대가 내린 결정에 대해 이미 많이생각해 온 것보다 훨씬 쉽다. 그러나 놀람 혹은 경이에 대해서도 마음을 열어놓아라. 간혹 앞으로 다가올 결과의 종류를 나란히 적어두기도 하여 새로운 발견을 할 수도 있다.

그대가 만든 목록이 완성되면, 그 과정에서 한 걸음 물러나 숨을돌려라. 이제 다시 되돌아가 결과들 가운데 하나에 주석을 달라. 그대가 한 주석을 재음미한 후, 그 주석을 읽을 때 그대가 어떻게 느끼는지 그대 자신에게 물어 보라. 분별 과정의 이 면은 감정을 끌어

들인다. 또한 그대가 읽고 있는 것에 대한 물리적 혹은 구체적인 반응을 자신에게 물어 보라. 목록의 맨 끝에 이 반응들을 기록하라. 잠시 쉰 다음 결과들을 적어 둔 목록으로 되돌아가서, 그대의 반응을 위해 정서적으로 그리고 육체적으로 듣는 과정을 계속하면서 반응 하나 하나를 개별적으로 다루면서 시간을 보내라.

이 단계에서 아마도 그대는 그대 자신이 하나의 방향 혹은 다른 방향에서 배우고 있다는 것을 간파할지 모르나, 결코 그 과정을 중단하지 말라. 더 많은 결과가 올 수도 있다. 이제 마음을 정돈하고 하나님을 만날 수 있는 곳이라고 그대가 신뢰하는 곳에 가서 묵상 안으로 들어가라. 묵상, 센터링 기도, 예수 기도, 혹은 그대가 애송하는 성경 구절을 택하라. 몇 분간의 조용한 시간이 흐른 다음, 정서적 육체적인 반응들과 묵상에 따른 반응들을 갖고서 처음 결과에 되돌아가라.

한 번에 오로지 하나의 목록을 검토하라. 첫 목록 전체를 검토하고 이 결과에서 비롯되는 상징이나 이미지에 대해 내면적으로 그대에게 물어 보라. 나타날 결과에 대해 개방적이 되라. 그것을 그 목록 아래에 기록하라. 나타날 결과에 대해 혹평하지 말라. 나는 이 점에서 수많은 놀라운 결과들을 보아왔다. 이 과정은 우리 마음의 상상적 특질을 일깨운다. 마음을 가다듬고 첫 결과를 흘러보내라 (letting go). 그런 다음 둘째 목록과 더불어 이 과정을 되풀이하되, 그대의 주의를 그 목록과 정서적 육체적 반응에 완전히 쏟아 붓고, 여기서 오는 상징이나 이미지에 대해 묻고 또한 검증한 다음 기록하라. 만일 다른 결과를 갖게 된다면, 그것을 위에서 한 방식대로 처리하라.

이제 다시 묵상에 들어가서 그대 자신으로 하여금 기도 안에서 하나님을 향하게 하고 그대가 지닌 딜렘마에 대해 답을 구하라. 그리스도의 임재를 각성하라. 이제 상징과 이미지를 그리스도 앞으로 가져가라. 그대와 그리스도께 최상의 기쁨을 주는 것이 무엇인지 살펴라. 그대에게 기쁨을 안겨주는 것이 최종 무엇인가? 그리스도를 가장 기쁘시게 하는 것은 이그나시우스적 분별(Ignatian discernment)의 대들보이다.

　의심할 바 없이, 그대는 지금쯤 결단의 여러 국면을 보는 가운데 수많은 내면의 '아하' 경험을 해 왔을 것이지만, 계속하여 기도하면서 내면의 소리를 더욱 분명히 듣기 바란다. 이따금 지금쯤이면 그대는, 이 결단은 오로지 그대가 가진 더 깊은 문제를 반영하는 것을 보게 될 것이다. 이따금 그대는, 신적 인도하심은 그대가 어느 방법을 택하든 자유로운 결단인 것을 제시하는 사실을 발견할 것이다. 간혹 그대는 그리스도께로부터 오는 매우 놀라운 제안들을 발견할 것이다. 여러 사람들과 이 분별 과정을 탐구함에 있어서 나를 놀라게 한 것은, 우리가 우리의 내면을 성실히 계발할 때 내면의 그리스도(the inner Christ)는 우리에게 가장 건강한 삶을 주신다는 것이다. 우리들의 길은 더욱 분명해질 것이다.

　마지막 단계는 다른 사람과 더불어 우리 자신의 내면의 지도(指導)를 검증하는 것이다. 이 단계는 만일 그대의 지도가 다른 사람들에 영향을 미치게 될 방향을 제시한다면 절대적으로 필요하다. 만일 그대의 결단 과정이 궁극적으로 다른 사람들의 삶에 있어서 그들이 결단을 내리는 일에 영향을 미치는 방식으로 다른 사람들과 연결되어 있다면, 그대는 지체 없이 그들의 조언을 받아야 한다. 이따금 더 많은 발견들이 그대가 신뢰하는 동료들과 함께 하는 그대의 과정에 나타날 것이다. 혹은 그대는 그대의 동료가 이 특별한 영역에서 그대를 도울 자원들을 아직 알지 못하는 것을 발견할 것이다.

끝으로, 성 테레사는 우리의 내면의 지도를 신뢰하려할 때를 위해 이런 지침을 제시한다. 테레사에게 있어서 하나님의 말씀 혹은 내면의 지도는 그것이 말하는 바에 그것이 영향을 미칠 때 순수하다. 환언하면, 외적인 증거가 있다는 말이다. 내면의 지도나 외적 증거 사이, 혹은 내면의 각성과 내면의 확실성 사이에는 상호 모순이 없다. 다시 한 번 다른 말로 하면, 그대는 이제 바른 길이 있음을 분명히 안다. 우리의 내면의 불확실성, 혼란, 혹은 불안은 신적인 답을 얻음으로써 해소된다.

그리스도교적 묵상훈련을 통해 우리 자신의 내면의 치유와 세계의 치유를 시작할 때, 우리는 많은 혼란의 영역과 우리 내부의 탐구해야 할 많은 영역, 그리고 세상에서 봉사해야 할 많은 영역을 만나게 될 것이다. 우리는 길을 가면서 길이요 진리요 생명이신 분을 따를 것이며, 신뢰하는 동료들의 지도, 성경의 지도, 그리고 내면의 신적 임재의 지도를 따를 것이다.

우리는 세상의 정치적 영역에서, 인간 개인의 차원의 영역에서 이것들을 실현하면서, 계시록 마지막 장에 약속된 새 하늘과 새 땅의 중재자가 될 것을 추구한다. 우리는 신적 약속이 하나님의 임재 앞에 있는 우리들의 이마에 기록된 것을 선포한다. 우리는 우리 시대 안에서 시간을 거슬러 달리며, 모든 영역을 감싸 안음으로써 그것들로 말미암아 우리 자신이 자포자기하지 않도록 한다. 우리는 우리 각자를 향한 신적 역사를 포용하려 하며, 우리의 마음과 지성을 열어 우리에게 속한 모든 것을 포용하는 충만한 능력에 도달하고자 한다.

우리의 희망은 내면의, 생명의 각성이 하나님에 의해 점화되고 폭발하여 21세기에 살아가는 모든 사람들에게 긍휼과 희망과 기쁨을 주는 것이다.

우리의 내면과 외부에 기록하고 있는 이야기들이 단테의 이야기에 나오는 것처럼 우리 인간의 이야기를 더욱 풍성하게 하고 강화하게 되기를 바라는 마음 간절하다. 단테는 어둠 속에서 완전히 길을 잃었었지만, 결국 그의 순례 여정에서 신적 사랑을 발견하였다.

Assagioli, R. 1977. *Psychosynthesis: A Manual of principles and Techniques.* New York: Penguin.

Bettelheim, B. 1977. *The Ulses of Enchantment: The Meaning and Importance of Fairy Tales.* New York: Vintage.

Brownell, B. 1950. *The Human Community: Its Philosophy and Practice for a Time of Crisis.* New York: Harper & Bros.

Campbell, J. 1968a. *The Hero with a Thousand Faces.* 2d ed. Princeton, N.J.: Princeton University Press.

_____. 1968b. *The Masks of God,* vol. 4, *Creative Mythology.* New York: Viking.

Capra, F. 1975, *The Tao of Physics: An Exploration of the Parallels between Modern Physics and Eastern Mysticism.* New York: Bantam.

A Counoe in Miracles. 1975. Huntington Station, N.Y.: Foundation for Inner Peace.

Cousins, E. trans.1978. *Bonaventure: The Soul's Journey into God, the free of Life, the Life of St. Francis.* New York: Paulist Press.

Dante Alighieri. 1949. *The Comedy of Dante Alighieri, the Florentine, Cantica I, Hell (ll Inferno).* Trans. D. L. Sayers. New York: Penguin.

_____. 1955. *The Comedy of Dante Alighieri, the Florentine, Cantica II, Purgatory (ll Purgatorio).* Trans. D. L. Sayers. New York: Penguin.

_____. 1962. *The Comedy of Dante Alighieri, the Florentine, Cantica III, Paradise (ll Paradiso).* Trans. D. L. Sayers. New York: Penguin.

DeIBene, R., and H. Montgomery, 1981, *The breath of Life.* New York: Harper & Row.

Fox, M. 1980. *Breakthrough: Meister Eckhart's Creation Spirituality in New Translation.* Garden City, N.Y.: Doubleday.

_____. 1983. *Original Blessing: A Primer in Creation Spirituality.* Santa Fe: Bear & Co.

French, R. M., trans. 1952. *The Way of a Pilgrim and the Pilgrim Continues His Way.* 26 ed. Minneapolis: Seabury Press.

Goldstein, J. 1976. *The Experience of Insight: A Natural Unfolding.* Santa Cruz, Calif,: Unity.

Goleman, D. 1988. *The Meditative Mind.* Rev. ed. Los Angeles: J. p. Tarcher.

Grof, C. and S. 1990. *The Stormy Search for the Self: A Guide to Personal Growth through Transformational Crisis.* Los

Angeles: J. P. Tarcher.

Guigo ll. 1978. *The Ladder of Monks, a otter on the Contemplative Life, and Twelve Meditations.* Trans. E. Colledge and J. Walsh. Garden City, N.Y.: Image Books.

Hillman, J. 1975. *Re-Visioning Psychology.* New York: Harper & Row.

The Holy Bible, new revised standard version.1989. Grand Rapids, Mich.: Zondervan.

The Holy Bible, revised standard version.1946, 1952. New York: American Bible Society.

Johnston, W., ed. 1973. *The Cloud of Unknowing and the Book of Privy Counseling.* Garden City, N.Y.: Doubleday.

Jung, C. G. *The Collected Works of C. G Jung.* 26 ed. Trans. R. F. C. Hull. Bollingen Series 20. Princeton, N.J. : Princeton University Press.

_____. 1967. *Symbols of Transformation: An Analysis of the Prelude to a Case of schizophrenia.* vol.5.

_____. 1966. *Two Essays on Analytical Psychology.* Vol.7.

_____. 1969. *Four Archetypes: Mothers Rebirth, Spirit, Trickster.* Vol. 9, part I.

_____. 1968. *Aion: Researches into the Phenomenology of the Self.* Vol.9, part Il.

Kadloubovsky, E., and G. E. H. Palmer, tans. 1954. *Early Fallen from the Philokalia.* London and Boston: Faber.

Kavanaugh, K., and O. Rodriguez, trans.1973. *The Collected Works of St. John of the cross.* Washington, D.C. : ICS Publications.

———. 1980. *The Collected Works of St. Teresa of Aviia.* vol.2, Washington, D.C.: ICS Publications.

Kelsey, M, T. 1976. *The Other Side of Silence: A Guide to Christian Meditation.* New York: Paulist Press,

Kester, N. 1985. "Meeting the Angel: The Annunciation as a Model of Conscious Surrender." Menlo Park, Calif.: Institute of Transpersonal Psychology, doctoral dissertation, unpublished.

Merton, T., trans. 1960. *The Wisdom of the Desert.* New York: A New Directions Book.

Michael, C., and M. Norrisey, 1984. *Prayer and Temperament: Different Prayer Forms for Different Personality Types.* Charlottesville, Va.: The Open Door.

A Monk of New Clairvaux. 1979. *Don't You Belong To Me?* New York: Paulist Press.

Mottola, A., trans. 1964. *The Spiritual Exercises of St. Ignatius.* Garden City, N.Y.: Doubleday-Image,

Needleman, J. 1980. *Lost Christianity.* Garden City, N.Y.: Doubleday.

The New English Bible. 1971, New York: Cambridge University Press.

Pennington, M. B. 1980. *Centering Prayer: Renewing an Ancient Christian Prayer Form.* Garden City, N.Y.; Doubleday.

Singer, J. 1973. *Boundaries of the Soul: The Practice of Jung's Psychology.* Garden City, N.Y.: Doubleday.

———. 1977. *Androgyny: Toward a New Theory of Sexuality.*

Garden City, N.Y.: Anchor,

Sugden, E., ed. 1921, 1968. *The Standard Sermons of John Wesley.* vol, 2. London: Epworth Press.

Underhill, E. 1961. *Mysticism: A Study in the Nature and Development of Man's Spiritual Consciousness.* New York: Dutton.

Vaughan, F. 1986. *The Inward Arc: Healing and Wholeness in Psychotherapy and Spirituality.* Boston and London: Shambhala,

Walsh, R., and F. Vaughan, eds. *1980. Beyond Ego: Transpersonal Dimensions in Psychology.* Los Angeles: Tarcher.

Wakefield, C., ed.1983. *The Westminster Dictionary of Christian Spirituality.* Philadelphia: Westminster Press.

Wesley, C. 1964. "jesus, Lover of My Soul." *The Book of Hymns: Official Hymnal of The United Methodist Church.* Nashviile: The United Methodist Publishing House, #125.

Wilber, K. 1980, *The Atman Proiect: A Transpersonal View of Human Development.* Wheaton, III.: Theosophical Publishing House, Quest.

_____. 1981a. *No Boundary: Eatstern and Western Approaches to Personal Growth.* Boulder and London: Shambhala

_____. 1981b. *Up from Eden: A Transpersonal View of Human Evolution.* Garden City, N.Y.: Anchor.

역자 후기

　역자가 미국 유학생활에서 얻은 큰 소득들 가운데 하나는 영성과 융 심리학에 관한 지식의 습득이었다. 강의실에서 영성가들을 만나서 관 상훈련을 하면서 동시에 분석심리학에 기반을 둔 목회상담학이나 영성 신학을 접하게 된 것은 비단 내 개인의 삶과 학문적 관심뿐 아니라 목 회 차원에 일대 변혁을 안겨 주었다.

　지금 현재 여기저기서 치유라는 말이 수 없이 많은 사람들의 입에서 회자되고 있고, 치유 세미나, 치유상담세미나 등 치유와 관련된 많은 학 문적 임상적 노력들이 이루어지고 있다. 어떤 면에서 이런 일들은 다행 스럽다고 말할 수 있다. 왜냐하면 목회의 궁극적 목적이 상처 입은 자들 을 치유하고 그들의 변화(transformation)와 영적 성숙(spiritual growth) 을 돕는 일이기 때문이다.

　이런 게재에 드와이트 쥬디의 책을 번역하게 된 것을 영광스럽고 다 행한 일이라 생각한다. 저자가 본서에서 어떻게 전통적인 기존의 영성 신학과 분석심리학의 종합이라는 관점에서 묵상과 치유에 접근하는지 는 본서를 읽는 독자 스스로가 파악할 것이므로 특별한 언급을 유보하 도록 하겠다. 다만 역자로서 바라는 바는, 본서를 접하는 독자가 마음 문을 열고 이 책을 탐독하여 하나님의 창조의 회복이라는 관점에서 상처 입은 자들이(독자 자신을 포함하여) 어떻게 치유 받고 어떻게 새로운 자기(the Self)와 새로운 삶에 대한 지평을 열 것인가에 대한 해답을 찾는 것이다. 물론 이 지평은 앞서 말한 바와 같이 변화와 온전(wholeness)을 향한 영적 성숙이다.

본서를 기꺼이 출판해 주신 이포 출판사의 이정승 집사님에게 감사를 드린다.

2011. 3. 21
봄이 오는 소리를 들으며
역자 이기승 목사